참선 수행자를 죽비로 후려치다

박산무이 스님의 참선경어

박산무이 스님의 참선경어

참선 수행자를 죽비로 후려치다

감역 · 벽해 원택

성철스님이 가려 뽑은 한글 선어록 03

장경각

개정판을 발간하면서

○

해인사 백련암으로 출가한 몇 년 후 성철 큰스님께 여쭈었습니다.
"스님! 불교는 왜 인도에서 번성하지 못하고 쇠하여졌습니까?"
"이놈아! 불교가 어려워서 인도에서 쇠해버렸다."

큰스님의 말씀을 듣는 순간 망치로 머리를 맞은 듯 멍하였습니다. "불교가 어렵다."고 하신 그 말씀을 우리 모두의 화두로 삼아야 하지 않을까 생각합니다.

"불교가 어렵다"는 뜻은 "부처님의 말씀을 단순히 이해하고 사는 것이 아니라 부처님 말씀의 진리를 깨쳐서 부처님 마음과 자기의 마음이 하나가 되어 자유롭게 세상을 살아가는 그 실천을 이루기가 옛날에도 어려웠고 지금도 어렵고 내일에도 어려운 것"이라고 성철 큰스님께서 우리들에게 가르침을 주신 것이라 생각합니다.

참선을 통한 깨달음의 길을 대중들이 쉽게 걸어가길 바라셔서, 성철 큰스님께서는 30여 년 전에 선어록을 한글로 번역하여 발간토록 당부하셨습니다. 1987년 11월에 출판사 '장경각'을 합천군에 등록하여 그 후 6년에 걸친 작업 끝에 〈선림고경총서〉 37권을 1993년 10월에 완간하였습니다.

그러나 책의 제목이 한문으로 쓰였고, 원문을 부록으로 실어서인지 독자들에게 널리 읽히지 못하고 종이책은 10여 년 전에 절판되고 교보문고의 전자책으로만 겨우 살아 있습니다.

30대 이하의 세대가 한문을 모르는 한글전용세대라는 점을 염두에 두고 우선 〈선림고경총서〉 중에서 가장 요긴한 선어록을 골라서 '성철스님이 가려 뽑은 한글 선어록'이라 이름하여 우선 10권을 출판하려고 합니다.

2017년 정유년 2월부터 매달 한 권씩 한글세대를 위해 쉽고 자세한 주석을 각 장의 뒤에 붙여서 발간하게 되었습니다. 인문학 분야의 많은 책들이 쏟아지고 있습니다만 참선에 관한 좋은 인문학 서적이 부족한 이때 맑은 참선 지도의 도서가 되기를 바랍니다. 독자 여러분들에게 선의 안목을 열어주는 좋은 인연이 맺어지기를 희망합니다. 야보선사의 게송을 한 구절 소개합니다.

대나무 그림자가 섬돌을 쓸어도 먼지 하나 일어나지 않고
달빛이 연못 속 밑바닥에 닿아도 물에는 흔적 하나 없구나.

죽영소계진부동　월천담저수무흔
竹影掃階塵不動　月穿潭底水無痕

2017년 2월 우수절
해인사 백련암
원택 합장

일러두기

1. 이 책은 선림고경총서 제5권 『참선경어(參禪警語)』를 다시 출간한 것이다.
2. 『참선경어』 원본은 판본에 따라 문장의 더하고 덜함이 있으나 일본에서 간행된 『국역선종총서(國譯禪宗叢書)』 제8권에 수록된 『박산화상참선경어(博山和尙參禪警語)』가 내용이 충실하여 이것을 대본으로 하여 번역하였다.
3. 목차는 판본에 따라 상하 또는 상중하로 나누어져 있으나, 여기서는 독자의 이해를 돕기 위해 내용에 따라 6장(章)으로 나누었다.
4. 옛 스님들의 생몰 연대는 『선학대사전(禪學大辭典)』(大修館書店, 1979)과 『중국불학인명사전(中國佛學人名辭典)』(明復編, 方舟出版社)을 참고로 하였다.
5. 본문의 전거를 밝힐 때 T는 『대정신수대장경』, X는 『대일본속장경』, H는 『한국불교전서』를 의미한다. 예를 들어 T48-417a는 『대정신수대장경』 제48권 417쪽 a단을 말한다.

해제

○

解題

　『참선경어(參禪警語)』는 『선경어(禪警語)』 또는 『박산참선경어(博山參禪警語)』라고도 하는데, 신주(信州) 박산무이(博山無異, 1575~1630) 스님이 참선에서 생길 수 있는 병통을 지적하고 후학을 경책하기 위해 지은 글이다.

　박산(博山)스님의 법명은 대의(大艤) 또는 원래(元來)이며, 자(字)는 무이(無異)이다. 용서(龍舒, 지금의 안휘성 舒城) 출신으로 속성은 사(沙) 씨이며 명(明)나라 만력(萬曆) 3년(1575)에 태어나서 생후 7개월 만에 어머니를 여의었다.

　16세에 출가할 뜻을 굳히고 금릉(金陵) 와관사(瓦棺寺)에 가서 『법화경(法華經)』 강설을 듣다가, 구하는 것이 문자에 있지 않고 자신에게 있음을 깊이 느끼고서는 오대산의 정안(靜安) 통법사(通法師)를 찾아 출가하였다. 통법사는 지자(智者)의 지관(止觀)을 익히게 하니 5년 동안을 매우 열심히 수행하였다. 20세에 초화산(超華山)에 가서 극암 홍(極庵洪) 스님에게서 비구계를 받았다. 이때 아봉(峨峰)

에서 조동종지(曹洞宗旨)를 펴고 있던 무명혜경(無明慧經, 1548~1618) 선사의 명성을 듣고 찾아갔다가 호미를 어깨에 메고 삿갓을 쓴 농부 모습의 선사를 보고서 문득 의심이 생겨 광택(光澤)으로 들어가 백운봉(白雲峰)에서 3년을 지냈다. 그곳에서 『심경지남(心經指南)』을 지어 스님께 바쳤으나 인가받지 못하고 더욱 정진하였다.

'뱃사람 스님이 종적을 감추다[船子沒踪跡]' 화두에 의정이 문득 일어났고 『전등록(傳燈錄)』을 보다가 '조주유불무불(趙州有佛無佛)' 화두에 깨우친 것이 있었으나 인가받지는 못하였다.

그 후 혜경스님을 따라서 보방사(寶方寺)로 옮겨서 먹는 것도 자는 것도 잊고 열심히 정진하던 중, 하루는 어떤 사람이 나무에 오르는 것을 보고는 마침내 지극한 도를 깨치니 천 근 짐을 내려놓은 것 같았다. 이에 50여 리 떨어진 보방사로 날듯이 달려가서 혜경스님이 주는 공안(公案)에 송(頌)을 붙여 보이니 마침내 스님을 인가(印可)하셨는데, 그때 나이 27세였다.

그해 운서주굉(雲棲袾宏, 1535~1615) 스님의 제자인 아호(鵝湖)의 양암광심(養庵光心) 스님에게서 보살계를 받고, 그 후 운서스님도 참례하였다.

만력 30년(1602) 28세에는 상좌인 만융 원(萬融圓), 조감원(照監院), 정수좌(正首座) 및 유숭경(劉崇慶) 등의 간청으로 신주로 갔다가 얼마 후에 박산의 능인사(能仁寺)로 옮겼다.

박산은 옛날 천태덕소(天台德韶) 스님이 개창한 도량이지만 이미 황폐된 지 오래였으며, 또 대중은 모두 육식을 하고 있었으니 명말(明末)의 혼란한 시대상을 보여준다 하겠다. 그러나 박산스님이 그곳에 살면서 아호광심(鵝湖光心) 스님의 도움으로 계율을 다시 일으키고 거사들의 협력으로 도량을 새로 세우니 선(禪)과 율(律)이 함께 시행되었다.

만력 36년(1608) 무명혜경 선사가 건주(建州) 동암선사(董巖禪寺)에서 법을 펴시면서 대사를 초청하여 분좌설법(分座說法)을 하게 하셨다. 이후로 박산의 종풍(宗風)이 마침내 널리 퍼지니 스님의 가르침을 받은 승속(僧俗)이 많아서 800명의 선지식(善知識)이라 불리었다.

이후로 앙산(仰山) 보림선사(寶林禪寺), 고산(鼓山) 용천사(湧泉寺), 금릉(金陵) 천계사(天界寺) 등 여러 곳에서 법을 펴 보이셨다.

한편 스님은 출가 이후로는 속가(俗家)의 집과는 연락을 일절 끊었으나 이미 그 도가 널리 알려지자, 비로소 스님이 아직 살아 있음을 알고 아버지께서 박산으로 찾아왔으니 참으로 희비(喜悲)가 엇갈리는 만남이었을 것이다. 스님은 효도하는 마음에서 아버지에게 육식(肉食)을 끊도록 권하면서 1년 남짓 머무르게 하였다. 얼마 후 아버지가 돌아가시니 천계(天啓) 7년(1627)의 일이다. 이 일로 스님은 고향을 다녀왔는데, 길가에 늘어선 사람들이 스님에게 귀의하였으니 무릇 수만 명이나 되었다.

특히 천계사에서 박산으로 돌아올 때에는 여대성(余大成) 등이 대사와의 헤어짐을 지극히 슬퍼하고 아쉬워하자 이렇게 말하였다.

    이 이별을 어찌 애석하다 하오
    명년 가을에는 공(公)과 헤어질 것인데.

    此別何定惜　明年秋乃別公耳

이것은 아마도 자신의 입적(入寂)을 예견함이었을 것이다.
숭정(崇禎) 3년(1630) 9월, 병을 보이시고 입적하려 할 즈음에 지은수좌(智誾首座)가 물었다.
"스님께서는 오고 감에 자재하다 하시더니 어떠하십니까?"
대사는 붓을 들어 '또렷하고 분명하다[歷歷分明]'라고 크게 쓰고는 가부좌한 채로 입적하셨으니, 승랍 41년, 세수 56세였다. 저서로는 『참선경어』를 비롯하여 『염고송고(拈古頌古)』, 『정토시(淨土詩)』, 『종교답향(宗敎答響)』, 『종교통설(宗敎通說)』 등과 『신지설(信地說)』, 『사원록(四源錄)』, 『석류(錫類)』, 『법단귀정록(法檀歸正錄)』, 『잉록(剩錄)』 등 20여 권이 전한다. 제자로는 입실(入室)한 설관지은(雪關智誾) 등과 여대성(余大成), 황단백(黃端白), 유숭경(劉崇慶) 등이 있다.

『참선경어』는 상하 2권으로 되어 있다. 상권은 (1) 처음 발심한 납자에게 일러주는 참선 이야기[示初心做工夫警語], (2) 옛 큰스님의 법문에 견해를 붙인 이야기[評古德垂示警語] 일부, 하권은 (2)의 나머지와 (3) 의정을 일으키지 못한 납자에게 일러주는 이야기[示疑

情不起警語], (4) 의정을 일으킨 납자에게 일러주는 이야기[示疑情發得起警語], (5) 공안을 참구하는 납자에게 일러주는 이야기[示禪人參公案警語], (6) 참선게 10수를 일러주다[示參禪偈十首]로 나누어서 모두 120여 항목을 모았다.

수좌(首座) 성정(成正)이 편록(編錄)하고 신주의 제자 유숭경이 서문을 붙여서 만력 신해(辛亥, 1611) 무이스님이 36세인 가을에 간행한 것이다. 그 내용으로 보아 스님의 종풍(宗風)을 분명하게 살펴볼 수 있을 뿐만 아니라 당시의 선풍(禪風)을 짐작할 수 있고, 또 선대(先代)의 조주, 현사, 운문, 대혜스님 등의 영향을 받았으며, 『능엄경』, 『원각경』 등을 열람하였음을 알 수 있다.

현재 전해지는 『참선경어』로는 무이스님의 입적 후 숭정(崇禎) 계미(癸未, 1643)에 사문 원현(元賢)이 서(序)를 붙여 간행한 『어록(語錄)』 6권 중에 수록된 『선경어(禪警語)』와 청(淸)나라 홍한(弘瀚) 등이 편집한 『광록(光錄)』 25권 중에 수록된 『선경어(禪警語)』가 있다. 그러나 청대의 『광록』은 그 체제가 상중하 3권으로 나누어져 있고, 또 부분적으로 누락된 항목이 많이 보인다.

우리나라에서는 조선 말 경허성우(鏡虛惺牛, 1846~1912) 선사께서 『선문촬요(禪門撮要)』를 편집하면서 총 21장으로 나눈 가운데 제12장 『선경어(禪警語)』 편에 무이스님의 『참선경어』 중에서 약 40항목을 뽑아 수록하였으며, 백용성(白龍城) 스님께서 1924년 이것을 국한문역(國漢文譯)으로 출판하였다.

차례

개정판을 발간하면서 … 004

해제(解題) … 007

참선경어(東語西話) 서(序) … 021

○

제1장

처음 발심한 납자에게 일러주는 참선 이야기
[示初心做工夫警語]

●

1. 생사심을 해결할 발심을 하라 … 032
2. 의정을 일으켜라 … 034
3. 일념으로 정진하라 … 035
4. 고요한 경계를 조심하라 … 036
5. 자기 공부에만 매진하라 … 038
6. 의단(疑團)을 깨라 … 039
7. 의정과 하나가 되라 … 040

8. 세 가지 폐단을 조심하라 … 041
9. 또렷하게 깨어 있는 채로 참구하라 … 042
10. 하루에 공부를 다 마치듯 하라 … 043
11. 옛사람의 공안을 천착하지 말라 … 044
12. 선에서의 바른 믿음 … 045
13. 본체를 보아야 선정에 든다 … 048
14. 세간법에서 자유로워야 한다 … 050
15. 언어 문구를 배우지 말라 … 051
16. 알음알이를 내지 말라 … 052
17. 공부로는 도를 깨칠 수 없다는 사견을 조심하라 … 053
18. 간절하게 참구하라 … 056
19. 참선중에는 앉아 있음도 잊어라 … 058
20. 주변사에 마음을 쓰지 말라 … 059
21. 공(空)에 떨어짐을 두려워 말라 … 060
22. 한 생각만 놓쳐도 … 061
23. 직접 부딪쳐 깨달아라 … 062
24. 참선에 필요한 몇 가지 태도 … 064
25. 딴 생각이 일어남을 조심하라 … 066
26. 끊임없이 참구하라 … 067
27. 더 이상 마음 쓸 곳 없는 경지 … 068
28. 민첩하고 약은 마음을 경계하라 … 069
29. 자신과 세계를 하나로 하라 … 070

30. 사견을 알아차리지 못함을 경계하라 ··· 071
31. 시끄러운 경계를 피하려 하지 말라 ··· 073
32. 알음알이를 공부로 오인하지 말라 ··· 074
33. 마음 갈 곳이 없도록 하라 ··· 075
34. 공부가 향상되지 않음을 두려워 말라 ··· 076
35. 다급한 마음으로 생사문제에 매달려라 ··· 077
36. 여러 공안을 천착하지 말라 ··· 078
37. 경론에서 증거를 드는 알음알이를 조심하라 ··· 079
38. 잠시도 중단하지 말라 ··· 080
39. 깨닫지 못하고서 남을 가르치지 말라 ··· 081
40. 방일과 무애를 혼돈하지 말라 ··· 082
41. 얻어진 경계에 집착하지 말라 ··· 083
42. 도리를 따져 이해하려 들지 말라 ··· 085
43. 아무것도 하지 않음이 도라는 생각에 빠지지 말라 ··· 086
44. 단번에 깨치려고 하지 말라 ··· 087
45. 사유와 판단을 주의하라 ··· 088
46. 화두를 말 그대로 받아들이지 말라 ··· 089
47. 남의 설명을 기대하지 말라 ··· 090
48. 공안만을 참구하라 ··· 091
49. 바른 생각을 지녀 사견에 빠지지 말라 ··· 093
50. 바른 생각으로 간절하게 참구하라 ··· 095

제2장
옛 큰스님의 법문에 견해를 붙인 이야기
[評古德垂示警語]

●

1. 쓸데없이 마음 쓰지 않다 / 조주 ··· 106
2. 참구에만 집중하라 / 조주 ··· 107
3. 가산(家産)을 타파하는 소식 / 조주 ··· 108
4. 말 안 하는 이가 되어라 / 조주 ··· 109
5. 화두를 설명하는 일은 알음알이다 / 천태덕소 ··· 110
6. 판단이나 암기 등은 다 알음알이에 속한다 / 천태덕소 ··· 111
7. 지식의 굴레를 벗고 그 자리에서 깨치라 / 천태덕소 ··· 112
8. 무엇을 하든 다 나의 마음이라는 생각은 망상이다 / 소암 ··· 114
9. 몸 바깥에 본래면목이 있다는 견해를 짓지 말라 / 소암 ··· 116
10. 집착을 버리면 망상이 없어진다 / 소암 ··· 117
11. 지식을 배움은 참선이 아니다 / 서록 ··· 118
12. 진실되게 참구하라 / 서록 ··· 120
13. 위급한 상황에서 살 길을 찾듯 하라 / 파초 ··· 122
14. 선문답으로는 도를 믿지 못한다 / 운문 ··· 124
15. 안이한 마음을 먹지 말라 / 운문 ··· 126
16. 법신에 대한 두 가지 병통 / 운문 ··· 128

17. 지혜와 근기가 뛰어나야 한다 / 현사 … 130
18. 둔한 근기는 절실하게 노력하라 / 현사 … 131
19. 남의 말을 외우려 하지 말라 / 현사 … 132
20. 거짓 몸짓으로 법을 보여주는 잘못 / 현사 … 133
21. 오온신 속에 소소영영한 주인공이 있다는 망상 / 현사 … 134
22. 오온신에서 주인공을 찾고자 한다면 / 현사 … 136
23. 고정된 방법은 불도가 아니다 / 현사 … 137
24. 동(動)이나 정(靜)에 치우치지 말라 / 현사 … 138
25. 무심과 중도의 수행 / 현사 … 139
26. 팔만의 문에 생사 끊겼다 / 현사 … 140
27. 분명한 경계라 해도 그것은 생사심이다 / 현사 … 141
28. 꼿꼿한 마음가짐으로 수행하라 / 현사 … 142
29. 함부로 세상일에 간여하지 말라 / 현사 … 143
30. 억지로 망념을 다스려 공무(空無)에 떨어지는 병통 / 현사 … 144
31. 생사애증에 미련을 두지 말라 / 현사 … 146
32. 도안(道眼)을 갖추기 전에는 윤회를 벗지 못한다 / 현사 … 148
33. 쉬라고만 가르치는 외도 / 경산 … 149
34. 주관이 객관을 관조하는 망념 / 경산 … 150
35. 고요함과 상대되는 또렷함은 참구가 아니다 / 경산 … 151
36. 생사심을 타파하라 / 경산 … 152

제3장
의정을 일으키지 못한 납자에게 일러주는 이야기
[示疑情不起警語]

●

1. 지식으로 헤아리는 장애	⋯ 160
2. 고요한 경계만을 찾는 장애	⋯ 162
3. 망념으로 망념을 다스리려는 장애	⋯ 164
4. 공(空)에 빠지는 장애	⋯ 166
5. 알음알이로 공안을 해석하는 장애	⋯ 168
6. 4대(四大) 육신에 주인공이 있다고 생각하는 장애	⋯ 170
7. 일상의 작용에 진성(眞性)이 있다고 보는 장애	⋯ 172
8. 유위공덕을 믿어 고행에 빠지는 장애	⋯ 174
9. 세속사를 무애행으로 착각하는 장애	⋯ 176
10. 대중생활을 피해 고요함에 빠지는 장애	⋯ 178

○

제4장
의정을 일으킨 납자에게 일러주는 이야기
[示疑情發得起警語]

●

1. 조그만 경지에 집착하는 장애	… 182
2. 경계에 빠져 나아갈 바를 모르는 장애	… 184
3. 경계를 헤아림에 빠지는 장애	… 186
4. 쉼[休歇]에 빠져 의정을 놓아 버리는 장애	… 188
5. 고요한 경지에서 주재(主宰) 세우는 장애	… 190
6. 알음알이로 나타난 경계를 형상화하는 장애	… 192
7. 얻은 경계를 경론에 맞춰 이해하는 장애	… 194
8. 담담한 경계를 궁극적인 깨달음이라 여기는 장애	… 196
9. 신기한 경계에 현혹되는 장애	… 198
10. 경안(輕安)에 집착하는 장애	… 200

제5장
공안을 참구하는 납자에게 일러주는 이야기
[示禪人參公案警語]

●

1. 물빛소[水牯牛] 공안 ··· 206
2. 무자(無字) 공안 ··· 208
3. 마른 똥막대기[乾屎橛] 공안 ··· 210
4. 일구화두(一句話頭) 공안 ··· 211
5. 자취를 감추었다[沒踪跡]는 공안 ··· 213
6. 만법귀일(萬法歸一) 공안 ··· 215
7. 염불 공안 ··· 217
8. 부모미생전(父母未生前) 공안 ··· 220
9. 천 일 결제하고 공안을 참구함 ··· 222
10. 화두가 절실하면 마(魔)에 떨어지지 않는가 ··· 224
11. 수증(修證)에 집착하지 않음 ··· 228

제6장
참선게 10수를 일러주다
[示參禪偈十首]
··· 235

●

참선경어(參禪警語) 서(序)

경(警) 자는 깨어난다는 뜻이다. 또는 놀래킨다[驚]는 뜻이라고도 한다. 비유하자면 도둑이 큰 집을 내려다보고 있다 하자. 이때 주인이 등불을 밝혀 놓고 대청마루[堂皇]¹에 앉아서 기침소리를 내면 도둑은 겁이 나서 마음을 놓지 못한다. 그러다가 조금 후에 깊은 잠에 빠지고 나면 그 틈을 타서 집안에 들어와 보따리를 다 기울여 털고 달아난다. 그러므로 경계가 엄한 성에서는 밤에 딱따기를 치면서 야경을 돌고, 군대의 진중(陣中)에서는 조두(刁斗)²를 치면서 밤 경비를 한다. 그러므로 갑자기 사고가 생긴다 해도 아무 근심이 없게 되니, 이는 미리부터 경비를 철저히 하기 때문이다.

마찬가지로 사람에게는 생사라는 큰 근심이 있다. 그런데 이것은 한없는 세월이 지나도록 깨지 못할 꿈이다. 더구나 6근(六根)이 도둑의 앞잡이가 되어 나날이 자기 집의 보배를 털어 가고 있는 실정이다.³ 그러므로 잘 깨달으신 선지식께서 경책해 주시는 뼈아픈 말씀이 없다면 종신토록 꿈에 취해서 끝내 깨어날 날이 없을 것이다. 이는 비단 잠들었을 때 주인노릇을 할 수 없을 뿐 아니라 대낮에 눈을 뜨고도 계속 잠꼬대를 하는 격이다.

그러므로 박산(博山, 1574~1630) 대사께서는 자비로운 원력으로 훌륭한 의사가 되시어 일미(一味)의 불사약(不死藥)⁴으로 식견이 좁고 아집이 센 중생들의 업병(業病)을 두루 치료하려고 『선병경어(禪病警語)』 5장(章)을 발표하셨다. 이 책은 간결한 문체로 요점만을 타당하게 서술함으로써 참선하는 데서 생길 수 있는 고질적인 병통을 다 끄집어내어 철저하게 구명한 글이다. 그러므로 여기에서 공부방법으로 제시하는 내용은 가장 요긴한 것으로서, 참선하는 납자에게는 절실하게 필요한 한 권의 참신한 책이다. 뿐만 아니라 세상을 구제한다는 면에서도 아홉 번을 불에 구워 만들었다는 신약(神藥)⁵이라 할 수 있다.

선(禪)이란 가명(假名)일 뿐 실체(實體)가 없는데 무슨 병통이 있는가 할 수 있다. 참선하는 사람들은 대부분 자기 생각을 고집하여 잘못된 이해로 마음[心意識]이 들떠, 깨달음을 진실된 경계에서 찾지 않고 알음알이 속에서 구하려 한다. 그리하여 옛사람이 하신 말씀에 꼭 막히기도 하고, 더럽고 썩은 물 속에 가라앉아 죽기도 하며, 혹은 아무 일 없이 멍청한 상태로 앉아 있기도 한다. 이렇게 해서는 영악하게 이익을 챙기는 마음이나 어리석게 집착하는 마음을 제대로 해결할 수 없다. 명근(命根)을 끊기 어렵고 생멸이 분명하게 마음속에 장애로 남게 되니, 이 모두가 다 내가 만든 병이지 선(禪)에 병이 있는 것이 아니다. 심한 사람은 미치거나 마귀가 붙어서 부처님도 구제할 수 없게 되는데, 이것을 업병(業病)이라고 한다. 그러나 이것도 선병(禪病)은 아니다.

가령 갖가지 마음들을 다 죽인다 하더라도 법신(法身)의 이치에 상응하는 참된 공부를 하려 하지 않아서 진정한 깨달음으로 향하는 문턱을 직접 밟아 보지 못하고 밥통 속에 앉아서 몸과 마음이 편안한 상태[輕安]에 빠져 노닌다면, 바로 이런 편안함이 선병(禪病)이다. 그렇기 때문에 어떤 스님이 덕망 높은 선사(禪師)께 물었다.

"무엇이 청정법신(淸淨法身)입니까?"

큰스님은 이렇게 대답하셨다.

"수없이 많은 큰 병의 근원이다."

이는 마치 밤송이 같아서 삼키기도 토하기도 참으로 어려운 말씀이다.

훌륭하신 옛 스님들께서는 진정하게 참구하여 실답게 깨닫는 과정 속에서 한바탕 병들을 치르고 오셨다. 그러므로 빈둥거리는 사람에게는 함부로 쇠침을 놓아주지 않고, 오직 숨을 죽여 가며 아픔과 가려움을 알려고 하는 납자에게만 비로소 진찰을 승낙하셨다. 이 때문에 병을 알면 곧 그 병을 없앨 수가 있고, 자기를 치료하고 난 다음에야 다른 사람을 고쳐 줄 수가 있으니, "세 번 남의 팔꿈치를 부러뜨린 다음에야 훌륭한 의사가 될 수 있다."[6]는 말이 바로 이런 경우라 하겠다.

박산 대사는 오래 전부터 이 도(道)를 참구(參究)하시어 지극하게 깨달으셨다. 그리하여 사리에 딱 맞는 요점[肯綮]7만을 말씀하셨을 뿐, 억지로 현학적인 말을 늘어놓아 사람들이 알아듣지 못하게 하지는 않으셨다. 그것은 스님께서 평소에 몸소 깨닫고 실제로 터득한 경계이기 때문이었다. 그리하여 법(法)을 알아내고 설명하며 일상에 적용하는 데에 그 이치가 뚜렷하고 말솜씨에도 막힘이 없으셨다. 이것이 선병(禪病)을 명쾌하게 고칠 수 있는 원인이었으니,8 마치 진시황(秦始皇)이 궁중에서 옥경(玉鏡)을 잡고 앉아서 뭇 관료들의 마음속을 비추어 보아 터럭만큼도 숨길 수 없게 한 것과 비슷하다 하겠다. 예로부터 지금까지 구부러진 법상(法床)9에 걸터앉아 선지식이라 일컬어지며 설법하던 선사들 중에서도 박산스님만큼 뚜렷하게 설파한 사람은 드물다.

  그러나 선병(禪病)이란 가장 설명하기 어렵고, 또 설명한다고 해도 남김없이 해결되는 것은 아니다. 무슨 까닭일까? 그것은 그 병이 곧 법신(法身)의 병이기 때문이다. 법신에는 무수한 병이 생기니, 어찌 그 끝이 있겠는가. 이 법신의 병을 잘 치료할 수 있는 사람은 병 자체를 묘약으로 삼고, 또한 밥 먹고 차 마시는 일상사쯤으로 여기며, 몸에 걸치는 땀내 나는 저고리 정도로 생각하여 이것을 남이 모르게 잘 감추어 두고 있을 따름이다.

  옛사람이 "병 치료하는 여가에 놀이 삼아 불사(佛事)를 한다."10 하심이 바로 이 뜻이다. 다시 말해 법신에 주체가 없음을 확실히 안다면 병은 저절로 씻은 듯이 낫게 된다는 것이다. 그러므로 동산

(洞山, 807~869)¹¹ 스님께서도 "내가 돌볼 때는 병이 있지 않다."¹²고 하셨다. 오직 망상과 집착 때문에 선병이 앞을 다투어 생긴다. 그러므로 부처님께서도 『능엄경(楞嚴經)』에서 5온(五蘊)의 마장(魔障)과 그밖에 외도의 모든 사견¹³에 대해 말씀하셨으니, 이것이 바로 지금 사람들의 선병에 해당하는 일이다.

그러므로 고집스럽게 집착하면 마장이 되고, 알음알이로 헤아리면 외도라 하니, 집착과 헤아림이 없어야만 역시 병이 되지 않는다. 이것이 "터득한 경계에 대해 좋다는 생각을 내지 말아야 참 경계라 할 수 있으며, 만일 깨달았다는 생각을 내면 삿된 마군의 침입을 받는다."¹⁴라고 하는 이유이다.

『법화경(法華經)』에 이런 말씀이 있다.

"막히고 험난한 길 사정을 잘 아는 길잡이 하나가 있으면, 그 덕분에 여러 사람을 인도하여 보물 있는 곳에 이르게 할 수 있다."¹⁵

그렇다면 박산스님의 이 책이야말로 말세에 배를 매어 두는 말뚝이며, 초심자에게는 지름길이라 할 수 있다. 그러니 어찌 오늘날의 선문(禪門)에만 유익할 뿐이겠는가. 뒷날의 선문에도 도움이 될 것이다. 반드시 참선을 해서 공부를 완성하고 크게 깨닫는 방편을 찾고자 한다면 기꺼운 마음으로 자세히 이 책을 읽어보라. 그러면 어떤 방법이 생길 것이다. 그리하여 의정(疑情)을 일으키지 못하던 곳에서 의정을 일으킬 수 있고, 병의 뿌리를 뽑아낼 수 없던 곳에서 뽑아낼 수가 있게 된다.

이것은 마치 모래를 헤치고 보배구슬을 찾아내는 일과 같으니, 중요한 것은 스스로 보배구슬을 찾아내는 일이다. 그렇게 하면 안개 걷힌 하늘을 보는 것과 같이 사람을 미혹시키지 않고, 꽉 막힌 길에서 빠져나갈 수 있는 새 길이 되며, 죽은 말[死句] 속에 사람을 살려내는 활구(活句)가 있어 마치 둥근 구슬이 쟁반 위에 굴러다니듯 어느 한마디에도 막히지 않는다.

그 묘한 작용이 이와 같으니 사람마다 이렇게 마음을 운용할 수 있다면 앉아 졸면서도 도를 볼 수 있고, 도를 물으러 다니느라 짚신 값을 들이지 않아도 크게 안락한 경지에 다다를 수 있게 되어 불조(佛祖)와 똑같은 경지가 된다.

이것으로 자신을 잘 경책할 수 있는 사람은 대중을 깨우쳐 줄 수 있고, 다시 이것으로 스스로의 병을 고칠 수 있는 사람은 다른 사람의 병도 고쳐 줄 수 있으니, 바로 이런 사람을 살아 있는 의왕(醫王)이라 해야 할 것이다.

이로써 조사의 가르침이 퍼져 흐르게 하고 나라의 운명과 부처님의 혜명(慧命)이 아울러 굳건해져서, 스님께서 보여주신 방편과 원력의 참뜻을 저버리는 일이 없기를 바라며, 이것으로 서(序)를 삼는다.

만력(萬曆) 신해세(辛亥歲, 1612) 맹추월(孟秋月, 7월)[16]
신주(信州)[17] 제자 유숭경(劉崇慶)이 화남(和南)[18]하고 짓다.

주
:

1　당(堂)에는 '대청'이라는 뜻이 있고, 황(皇)은 네 벽이 없는 방을 말한다.
2　군대에서 야경을 위해 치는 밥그릇 모양의 징.
3　원문은 "況六爲賊媒 日劫家寶."이다. 『능엄경』권4(T19-122c)에는 "바로 네 앞의 눈과 귀와 코와 혀와 몸과 마음의 여섯이 도적의 앞잡이가 되어 스스로 자기 집의 보배를 털어가고 있을 뿐이다(汝現前眼耳鼻舌及與身心 六爲賊媒 自劫家寶)."라고 하였다.
4　'가타(伽陀)'는 일반적으로 게송으로 번역하지만, 여기에서는 훌륭한 의사가 된다는 내용에 비추어 아가타(阿伽陀)로 보았다. 아가타는 'agada'의 음사이다. 중생의 고통을 모두 없앤다 하여 보거(普去), 무병(無病), 무가(無價), 불사약(不死藥) 등으로 번역한다.
5　금단구전(金丹九轉) : 흔히 구전금단(九轉金丹), 줄여서 구전단(九轉丹)이라고 한다. 도교에서, 쇠와 돌을 녹여서 아홉 번 불에 구워 약으로 만든 것인데 이것을 먹으면 신선이 된다고 한다.
6　원문은 "三折肱爲良醫."이다. 박산무이 스님에게서 참선을 배운 명대(明代)의 영각원현(永覺元賢, 1578~1657)이 지은 『선림소어고증(禪林疏語考證)』권2(X63-702b)에서 '三折肱'을 설명하면서 "『춘추좌씨전(春秋左氏傳)』노정공(魯定公) 13년 조에 진(晉)나라 범길사(范吉射)와 중행(中行, 荀寅)이 진나라 정공(定公)을 정벌(반역)하려 하자 제(齊)나라 고강(高强)이 '팔이 세 번 부러져 보아야 양의(良醫)의 치료법을 압니다. 오직 임금을 공격하는 일만은 해서는 안 되니, 백성들이 돕지 않습니다. 나도 임금을 공격한 잘못으로 망명해 이곳에 와 있습니다'라고 하였다(左定十三年 晉范氏中行氏將伐晉定公 齊高强日 三折肱知爲良醫 唯伐君爲不可 民弗與也 我以伐君在此矣)."라고 하였다.
7　긍경(肯綮)의 '긍(肯)'은 뼈에 붙은 살을 가리키고 '경(綮)'은 뼈와 살이 이어진다는 뜻이다. 사물의 핵심이나 일의 관건이 되는 부분을 비유하는

표현이다.『장자(莊子)』「양생주편(養生主篇)」에서, 포정(庖丁)이 소를 잡아 살을 도려낼 때 긍경(肯綮)을 건드리지 않고 교묘히 도려냈다고 한 데서 유래한다.

8   원문은 "快說禪病"이다.『원각경(圓覺經)』(T17-920a)에 보인다.

9   원문은 '곡록상(曲彔牀)'이다. 승가에서 쓰는 휘어진 나무로 만든 선상(禪床)을 가리킨다.

10 가장 비슷한 표현은『종용록(從容錄)』권3(T48-251c)의 제36칙 "마조의 불편함[馬師不安]"에서 볼 수 있다. 마조가 몸이 편치 않아 원주가 문안하여 "요즘 법체 어떠하십니까?"하고 묻자 마조가 "일면불 월면불(日面佛 月面佛)이니라."고 한 화두를 두고 천동정각(天童正覺, 1091~1157)의 게송을 소개한 만송행수(萬松行秀, 1166~1246)는 "이는 마조가 병으로 쉬면서도 본분의 일로써 학인들을 제접했음을 송한 것이다. 우리들은 몸이 건강하니, 결코 마조의 뜻을 저버리거나 천동에 대하여 게으름을 피우면 안 될 것이다(此頌馬祖雖病假中 亦以本分事爲人 我輩色身強健 切莫辜負馬祖怠慢天童)."라고 하였다.

11 동산양개(洞山良价)를 가리킨다. 속성은 유(俞) 씨, 절강성(浙江省) 회계(會稽) 출신. 어려서 출가하여 20세에 숭산(嵩山)에서 구족계를 받았다. 남전보원(南泉普願, 748~834)과 위산영우(潙山靈祐, 771~853)에게 배우고, 다시 운암담성(雲巖曇晟, 782~841)에게 배워 깨닫고 의법(衣法)을 이어받았다. 광동 신풍산(新豊山)과 강서 동산(洞山) 보리원(普利院)에 머물면서 선풍을 드날렸다.

시호는 오본(悟本)대사. 문하에 운거도응(雲居道膺, ?~902), 조산본적(曹山本寂, 840~901), 소산광인(疎山匡仁, ?~?) 등 27인이 있다. 저서에는『보경삼매가(寶鏡三昧歌)』,『동산어록(洞山語錄)』이 있다. 동산양개의 선풍을 제자인 조산본적과 함께 선종 5가의 하나인 조동종(曹洞宗)이라고 한다. 동산양개의 또 다른 제자인 운거도응 쪽에서 선풍을 말할 때는 동산종(洞山宗)이라고 하였다.

12 "어느 스님이 '화상께서 병이 나셨는데 병들지 않은 이가 있습니까?' 하

고 문자 동산스님이 '있느니라' 하였다. 그 스님이 '병들지 않은 이가 화상의 병을 간호해 드립니까?' 하자 동산스님이 '노승이 그를 보살펴야 할 책임이 있느니라' 하였다. 그 스님이 '화상께서 그를 보살필 때가 어떻습니까?' 하자 동산스님이 '내가 돌볼 때는 병이 있지 않느니라' 하였다(僧問 和尚違和 還有不病者也無 師曰有 云不病者還看和尚否 師曰老僧看他有分 云未審和尚如何看他 師曰老僧看時不見有病)."『동산오본선사어록(洞山悟本禪師語錄)』권1(T47-514c~515a) 이 대화는 다시『종용록』의 제94칙 "동산의 편치 않음[洞山不安]"(T48-287c~288a)으로 실려 있다.

13 『능엄경』권9와 권10에서는 선정 중에 나타나는 마구니의 경계를 녹임으로써 얻는 수행의 공덕을 설명하면서 50가지 부정적인 경계에 대해서 자세히 풀이하고 있다. 50가지 부정적인 경계는 5온 각각에 10종의 경계가 나타나는 것으로 설명하므로 "5온(五蘊)의 마장(魔障)"이라고 한 것이고, 그 내용 속에 외도의 견해를 예를 들어서 설명하기 때문에 "그 밖에 외도의 모든 사견"이라고 하였다.

14 원문은 "不作勝心 名善境界 若作聖解 卽受羣邪."이다. 실제『능엄경』권9에는 "不作勝心"이 "不作聖心"으로 되어 있다.(T19-147c).

15 『묘법연화경(妙法蓮華經)』권3「화성유품(化城喩品)」(T9-25c~26a). 실제로는 긴 내용을 간략히 인용하였다. "비유하면, 5백 유순이나 되는 험난하고 사나운 길에 인적마저 끊어져 무섭고 두려운 곳을 많은 대중들이 이 길을 지나서 진귀한 보물이 있는 곳에 가려 할 때 한 도사가 있었으니, 지혜가 총명하고 밝게 통달하여 그 험난한 길의 뚫리고 막힌 모양까지 잘 알고 있어 여러 사람들을 거느리고 인도하여 그 험난하고 사나운 길을 통과하려고 하였느니라. 그런데 그 거느린 사람들이 중도에서 피로함과 게으름이 생겨 도사에게 말하였느니라. '우리들은 극도로 피로하고 겁이 나고 두려워서 나아갈 수도 없으며 앞길이 아직 머니 되돌아가려 합니다.' 이때 도사는 방편이 많으므로 이런 생각을 하였다. '이 사람들은 참으로 불쌍하구나. 왜 많고 진귀한 보물을 버리고 되돌아가려고 하는가.' 그리고 곧 방편을 써서 험난한 그 길 3백 유순을 지난 도

중에 한 성을 변화시켜 만들고 여러 사람들에게 말하였다. '그대들은 두려워 말고 되돌아가지도 말라. 이제 이 큰 성에 들어가서 자기 마음대로 할지니, 만일 이 성에 들어가면 몸과 마음이 즐겁고 안온하며, 또한 앞에 있는 보물 있는 곳에 가려고 하면 갈 수 있느니라.'(譬如五百由旬險難惡道 曠絕無人怖畏之處 若有多衆 欲過此道至珍寶處 有一導師 聰慧明達 善知險道通塞之相 將導衆人欲過此難 所將人衆中路懈退 白導師言 我等疲極 而復怖畏 不能復進 前路猶遠 今欲退還 導師多諸方便而作是念 此等可愍 云何捨大珍寶而欲退還 作是念已 以方便力 於險道中過三百由旬 化作一城 告衆人言 汝等勿怖 莫得退還 今此大城 可於中止 隨意所作 若入是城 快得安隱 若能前至寶所 亦可得去)."

16 보통 한 계절을 맹(孟)·중(仲)·계(季)의 세 가지로 나누어서 구별한다. 맹추(孟秋)는 가을의 첫 번째 달을 가리키므로 음력 7월에 해당한다.

17 현재의 중국 강서성(江西省) 상요시(上饒市).

18 범어 'vandana'의 음사. 아례(我禮), 계수(稽首), 경례(敬禮) 등으로 번역.

제1장

처음 발심한 납자에게 일러주는 참선 이야기

[示初心做工夫警語]

01

생사심을 해결할 발심을 하라

 참선할 때에는 가장 먼저 생사심(生死心)을 해결하겠다는 굳은 마음을 내야 한다. 그리고는 바깥 세계와 나의 심신이 모두 인연으로 이룩된 거짓 존재일 뿐 그것을 주재(主宰)하는 실체는 없다는 사실을 똑똑히 보아야 한다.
 만약 누구에게나 본래 갖추어져 있는 큰 이치를 깨치지 못하면 생사에 집착하는 마음을 깨뜨릴 수가 없다. 그렇게 되면 죽음을 재촉하는 귀신이 순간순간 멈추지 않고 따라다니니, 이것을 어떻게 쫓아 버릴 수 있겠는가?
 오직 이 한 생각만을 수단 방편[1]으로 삼아 마치 활활 타오르는 불길 속에서 살아날 길을 찾듯 해야 한다. 한 발자국도 잘못 걸어서는 안 되고, 한 발자국도 그대로 머물러서도 안 되며, 한 생각도 다른 생각을 내어서도 안 되고, 다른 사람에게 도움을 청할 수도 없으니, 이러한 상황에서는 어떻게 해야겠는가? 타오르는 불도 돌아보지 말고 목숨도 돌아보지 말아야 한다. 또한 남이 도와주기를 바라거나 다른 생각을 하지도 말고 잠시 머물러 있을 생각을 버려야 한다. 그리고는 곧장 앞으로 달아나 우선 불길 밖으로 뛰어나오는 길만이 묘수이다.

02

의정을 일으켜라

참선하는 데에는 의정(疑情)을 일으키는 일이 중요하다. 무엇을 의정이라 하는가?

예컨대 우리가 어디로부터 태어나는지 모르니 그 온 곳을 의심하지 않을 수 없고, 또한 죽어서 어디로 가는지 모르니 가는 곳을 의심하지 않을 수 없는 경우와 같은 것이다. 생사문제라는 관문을 뚫지 못했을 때 문득 의정이 생긴다. 그것이 맺혀서 눈꺼풀 위에 머무르고 있어, 내치려 해도 떨어져 나가지 않고 두고 달아나려 해도 갈 수가 없다. 그러다가 홀연히 하루아침에 의정의 뭉치를 때려 깨고 나면, 이 '생사'라는 두 글자가 어느 집구석의 쓸모없는 살림살이란 말인가!

아! 옛날 어느 큰스님께서는 이렇게 말씀하셨다.

"크게 의심하면 크게 깨닫고, 작게 의심하면 작게 깨달으며, 의심하지 않으면 아예 깨닫지 못한다."[2]

03

일념으로 정진하라

참선할 때에는 '죽음'이라는 하나의 문제를 늘 염두에 두면서 자기의 몸과 마음을 죽은 것과 진배없게 하고서 이 문제를 밝혀내고야 말겠다는 그 한 생각만 남겨두어야 한다. 그 한 생각이 눈앞에 현전하면 이때의 한 생각은 하늘을 찌를 듯한 긴 칼[3]과 같아서 그 날에 닿는 것은 어느 것도 남아나지 않는다. 그러나 막힌 것을 걸러내고 둔한 것을 가는 짓을 한다면 칼은 사라진 지 오랜 뒤가 될 것이다.[4]

04

고요한 경계를 조심하라

　참선할 때 가장 경계해야 할 사항은 고요한 경계에 빠져들어 사람을 말라죽은 듯한 적막 속에 갇히게 하는 태도이다.
　자기도 모르는 사이에 사람들은 번거로운 곳을 싫어하고 고요한 곳에서는 대부분 염증을 느끼지 않는다. 도를 닦는 수행인의 경우도 그러하다. 시끄러운 바닥에서만 내내 살다가 일단 조용한 경계를 맛보고 나면 그것이 꿀이나 되는 양 달갑게 받아들인다. 이런 사람은 권태가 오래되면 잠자기를 좋아할 것이니, 자기가 이런 병통에 빠져 있다는 사실을 어떻게 알아차릴 수 있겠는가.
　어떤 외도는 자기의 몸과 마음을 완전히 없애어 딱딱한 돌[頑石]처럼 되게 하였다 하니 이것도 고요한 경계를 통해서 그렇게 한 것이었다. 그리하여 날이 갈수록 마를 대로 마르고 적막할 대로 적막해져서 아예 인식작용이 없는 상태[無知]까지 가 버렸으니 목석과 무엇이 다르겠는가.

우리들이 간혹 고요한 경계에 처하는 것은 오직 법복(法服) 속에서 벌어지는 한 가지 큰 일,[5] 즉 생사대사를 깨치기 위해서이다. 그러니 자기가 고요한 곳에 있는 줄을 몰라야만 비로소 옳다 하겠다. 생사대사에서 고요한 모습을 구하려 해도 정말로 얻을 것이 없으면 이야말로 얻은 것이다.

05

자기 공부에만 매진하라

참선할 때에는 마음을 똑바르고 곧게 하여 남의 사정을 봐주지 말아야 한다. 남의 인정사정 다 봐주다가는 자기 공부가 되지 못한다. 공부가 되지 않을 뿐만 아니라 나아가서 세월이 오래 가면 반드시 속세에 물든 중이 될 것은 의심할 여지도 없다.

06

의단(疑團)을 깨라

참선하는 납자는 고개를 쳐들어도 하늘을 못 보고 고개를 숙여도 땅을 보지 못하며, 산을 보아도 산으로 보이지 않고 물을 보아도 물로 보이지 않아야 한다. 또한 길을 걸어가도 걷는 줄을 의식하지 못하며, 앉아 있어도 앉아 있는 줄을 몰라야 한다. 많은 인파 속에서도 한 사람도 눈에 보이지 않아야 한다. 그리하여 몸과 마음이 온통 의심 덩어리 하나뿐이니 세계를 하나로 뒤섞어 놓았다[6] 할 만하다. 이 의심덩어리를 깨뜨리지 않고는 맹세코 마음을 놓을 수 없으니, 이것이 공부에서 긴요한 것이다.

세계를 하나로 뒤섞는다는 말은 무슨 뜻인가? 헤아릴 수 없는 오랜 겁 전부터 본래 갖추어져 있는 큰 이치는 소리도 없이 고요하여 한 번도 움직인 일이 없다. 요는 참선하는 자가 정신을 바짝 차렸을 때, 천지가 뒤바뀌면서 자연히 거꾸로 용솟음쳐 오는 한 줄기 파도가 생기게 되는데, 이것을 몸으로 받은 듯한 상태를 말한다.

07

의정과 하나가 되라

　참선하는 납자는 죽어서 살아나지 못할까 두려워하지 말고 오직 살아만 있고 죽지 못할까 두려워해야 한다. 그리고는 결단코 의정(疑情)과 완전히 하나가 되어야 한다. 그러면 들떠 움직이는 경계가 굳이 떨어 버리려 하지 않아도 저절로 떨어지고, 허망한 마음도 억지로 맑히려 하지 않아도 자연히 맑아진다. 그리하여 6근(六根)이 자연히 텅 비어 자유로워진다.
　이런 경지에서는 움찔했다 하면 벌써 마음먹은 곳에 가 있고 입만 벙긋했다 하면 벌써 반응이 있으니, 살아나지 못할까 근심할 일이 있겠는가?

08

세 가지 폐단을 조심하라

공부가 되기를 바란다면, 천 근 되는 짐을 어깨에 걸머진 듯하여 팽개치려 해도 내려놓지 못하는 형편이 되어야 한다. 또한 잃어버린 중요한 물건을 찾듯 하여 확실하게 찾아내지 못하면 맹세코 마음을 놓지 말아야 한다.

이 과정에서 절대로 아집[執]과 집착[着]과 알음알이[計]를 일으켜서는 안 된다. 아집은 병(病)이 되고 집착은 마(魔)가 되며 알음알이는 외도(外道)로 빠지게 한다. 결단코 마음을 한곳에 집중하여 잃어버린 물건을 찾듯 열심히 공부하면 앞서 말한 세 가지 폐단이 얼음 녹듯 말짱해질 것이다. "마음을 일으켜 생각을 들뜨게 하면 그 자리에서 법체와 어긋난다."[7]고 한 것도 이런 맥락에서 하는 말이다.

09

또렷하게 깨어 있는 채로 참구하라

화두를 들고 공부하는 납자는 쥐를 잡으려는 고양이처럼 분명하고 또렷하게 깨어 있어야 한다. 옛사람도 "적군의 목을 베지 않고는 맹세코 쉬지 않겠다."라고 말씀하셨다. 그렇지 않으면 망상의 도깨비굴 속에 들어앉게 되어 어둡고 깜깜한 채로 일생을 다 보내고 말 것이니 참선을 한들 무슨 소용이 있겠는가.

고양이는 쥐를 잡을 때 두 눈을 반짝 뜨고 네 다리를 곧추세웠다가 쥐를 잡아 입에 물어야만 비로소 만족한다. 그때는 설사 닭이나 개가 옆에 있다 하더라도 돌아볼 정신이 없다. 참선하는 사람도 마찬가지여서 오직 열심히 이 도리를 밝히려고만 해야지 8경(八境)[8]이 눈앞에 어른거린다 해서 신경 쓸 겨를이 없다. 여기서 조금만 다른 생각을 해도 쥐는커녕 고양이마저도 달아나고 마는 것이다.

10

하루에 공부를 다 마치듯 하라

참선할 때는 날마다 하루 할 공부를 다 마쳐야 한다. 미루고 질질 끌면 백겁천생(百劫千生)토록 끝내 공부를 다 마칠 날이 없을 것이다.

언젠가 나는 향 한 개비를 꽂아 놓고 그것이 다 타는 것을 보고 나니, 문득 이런 생각이 들었다.

'공부가 늘 그저 그러하여 나아진 것도 퇴보한 것도 없다. 이런 식으로 가면 하루에 몇 개비의 향이 타겠으며 1년이면 얼마만큼의 향이 타겠는가?'

그러고는 다시 생각해 보았다.

'시간은 눈 깜짝할 새 지나가 버리고 세월은 사람을 기다려 주지 않는데 생사문제를 아직 밝히지 못했으니 어느 날에나 공부를 마치고 깨닫게 될 것인가?'

이런 통탄으로 더욱 자신을 채찍질하였다.

11

옛사람의 공안을 천착하지 말라

　참선하는 납자는 옛 스님들의 공안(公案)을 알음알이로 헤아려 함부로 해석해서는 안 된다. 비록 그런 식으로 하나하나의 뜻을 깨닫고 지나간다 하더라도 그것이 자기 공부와는 아무 상관이 없는 일이다. 그런 사람은 이것을 모르고 있다. 즉 옛 스님들의 말씀은 마치 큰 불덩어리 같아서 가까이 갈 수도 없고 만져 볼 수도 없다는 사실이다.

　하물며 그 가운데 어떻게 앉아 보고 누워 볼 수 있겠는가. 더구나 그 속에서 대소를 분별하고 상하를 논하고도 자기 신명(身命)을 망치지 않은 사람은 거의 없다.

12

선에서의 바른 믿음

이 공부[禪]는 교학(教學)과는 다르다. 그런 까닭에 오랫동안 대승(大乘)을 공부해 온 사람도 선(禪)을 알지 못한다. 그러니 하물며 성문(聲聞) 연각(緣覺)인 소승(小乘)이겠는가!

3현 10성(三賢十聖)[9]이 어찌 교(教)에 통달하지 못했을까마는 오직 참선하는 일에 대해 설법할 때만은 그렇지 않아서 3승(三乘)[10]은 간담이 떨리고 10지(十地)보살도 혼이 빠진다고 하였다. 또한 등각(等覺)보살도 마찬가지이다. 등각보살은 비오듯 자재한 설법으로 무량한 중생을 구제하시며 무생법인(無生法忍)[11]을 얻으신 분이다. 그런데도 아직은 소지장(所知障)[12]에 막혀 도와는 완전히 어긋난 사람이라고 하였으니, 하물며 그 나머지 사람들이야 말할 것이 있겠는가.

그런데 선종(禪宗)에서는 범부에서부터 완전히 부처와 똑같다고 한다. 이 말은 사람들이 믿기 어려운 데가 있겠으나, 믿는 사람은 선(禪)을 할 수 있는 그릇이고 믿지 않는 사람은 이 근기가 아니다. 모든 수행자가 이 방법을 택하려 한다면 반드시 믿음[信]으로부터 들어와야 한다. 그런데 '믿음'이란 말에도 그 뜻이 얕고 깊은 차이와 바르고 삿된 구별이 있으므로 가려내지 않으면 안 된다.

믿음이 얕다고 하는 것은 무엇을 말하는가? 불교에 입문한 이라면 과연 누가 신도가 아니라고 자처할까마는 그런 사람은 단지 불교만을 믿을 뿐 자기 마음을 믿지 않으니 이것을 말한다. 믿음이 깊다고 하는 것은 무엇인가? 모든 대승보살도 아직 믿음을 갖추었다 할 수는 없으니, 『화엄경』의 주석에서는 이렇게 말하고 있다.

"설법하는 이가 있고 법문을 듣는 대중이 있다고 생각한다면 아직 믿음의 문턱에도 들어오지 못한 것이다."[13]

가령 『화엄경』에 나오는 "마음 그대로가 곧 부처이다[卽心卽佛]"라는 말씀은 누구나 다 믿는다고 한다. 그런데 "그대가 부처인가?" 하고 물으면 영 어긋나 버려서 알아듣지를 못한다.

『법화경(法華經)』에서는 "생각을 다해서 아무리 재보아도 부처님의 지혜는 헤아릴 수 없네."[14]라고 하는데, 왜 그런가 하면 생각을 다해 재보겠다는 마음이 있으면 이는 벌써 믿음을 갖추지 못한 것이기 때문이다.

그러면 바르다 삿되다 한 것은 무슨 차이인가? 마음이 곧 부처라고 믿는 것을 '바른 믿음'이라 하고, 마음 밖에서 법(法)을 얻으려는 것을 '삿된 믿음'이라 한다. 그대로가 부처임을 철저히 밝혀 자기 마음으로 직접 맛보아 의심할 수 없는 확실한 경지에 이르러야만 비로소 '바른 믿음'이라 할 수 있다. 얼굴만 번듯하고 속은 어리석은 노름꾼 같은 이는 단지 말로만 마음 그대로가 부처라고 떠들 뿐이지 사실은 자기 마음도 모르고 있다. 이런 것을 바로 '삿된 믿음'이라고 한다.

13

본체를 보아야 선정에 든다

옛 선사는 복숭아를 따다가도 문득 선정(禪定)에 들고,[15] 호미로 밭을 매다가도 문득 선정에 들었으며, 절의 자잘한 일을 하면서도 선정에 들었다고 한다. 그러니 어찌 한곳에 오래 눌러앉아 외연(外緣)을 끊고 마음을 일어나지 못하게 한 다음에야 선정에 들었다고 하겠는가. 이를 곧 '삿된 선정[邪定]'이라고 하니, 이는 납자가 가져야 할 바른 마음이 아니다.

6조 혜능(慧能, 638~713)스님께서 이런 말씀을 하셨다.

"부처님은 항상 선정 속에 계셨으며, 선정에 들지 않으실 때가 없었다."[16]

모름지기 본체(本體)를 확실하게 보아야 비로소 이러한 선정과 하나가 된다. 석가모니 부처님께서 도솔천에서 내려와 왕궁에 태어나시고, 설산(雪山)에 들어가 샛별을 보고 허깨비 같은 중생을 깨우쳐 주신 일들이 모두 이 선정을 벗어나지 않으셨다. 그렇지 않았다면 들뜬 경계에 빠져 죽었을 것이니, 그래서야 어찌 선정이라 할 수 있겠는가. 들뜬 경계[動境]에 대해서 마음을 일으키려야 일으킬 수 없고, 고요한 경계[靜境]에 대해서도 마음이 일어나지 않아서 고요하든 들뜨든 전혀 마음이 일어나지 않으면 여기서 무엇을 가지고 경계를 삼겠는가?

  이 뜻을 깨달을 수 있으면 세상이 온통 선정이라는 하나의 몸[體]으로 꽉 차서 다른 것은 없을 것이다.

14

세간법에서 자유로워야 한다

　참선하는 납자는 세간법에 집착해서는 안 된다. 불법(佛法)에도 오히려 조금이라도 집착해서는 안 되는데 더욱이 세간에 매달려서야 되겠는가. 만약 화두공부가 제대로 되면 얼음을 밟고서도 차가운 줄을 모르며, 불 위를 걸어도 뜨거운 줄을 모르며, 가시덤불을 활개를 치며 곧장 질러가도 걸리거나 막히는 줄을 모른다. 이렇게 되어야 비로소 세간법에서도 자유로워진다. 그렇지 않으면 늘 바깥 경계에 얽매어 조금만큼의 공부를 이루려 해도 당나귀해[驢年][17]가 된들 꿈속에서도 공부의 진전을 볼 수 없을 것이다.

15
○
언어 문구를 배우지 말라
●

　참선하는 납자는 문구(文句)를 따져 연구하거나 옛사람의 말씀이나 외우고 다녀서는 안 된다. 이러한 일은 무익할 뿐 아니라 공부에 장애가 되어서 진실한 공부가 도리어 알음알이로 전락해 버린다. 이러고서는 '마음의 움직임이 완전히 끊긴 자리[心行處絶]'에 이르려 한들 되겠는가.

16

알음알이를 내지 말라

　참선할 때에는 비량(比量)¹⁸을 가장 두려워해야 한다. 마음을 여러 갈래로 치닫게 하면 도(道)와는 점점 멀어지게 되니, 그런 식으로는 미륵이 하생할 때까지 해보아도 아무 소용이 없을 것이다. 만일 의정(疑情)이 문득 일어난 납자라면 허공 속에 갇혀 있어도 '허공'이란 이름이 있는 줄조차 모른다.

　또한 은산철벽(銀山鐵壁)¹⁹ 속에 앉아 있듯 하여 오직 살아나갈 길만을 모색해야 하니, 살길을 찾지 못하면 어떻게 편안할 수 있겠는가? 그저 이렇게 공부해 나가다 보면 때가 올 것이니, 그때는 저절로 들어갈 곳이 나타날 것이다.

17

공부로는 도를 깨칠 수 없다는 사견을 조심하라

요즘 삿된 선사(禪師)가 납자들을 잘못 가르치는 일이 있다. 그들은 "깨치는 길은 공부하는 데에 있는 것이 아니다."라거나 또 "옛사람들은 한번도 공부해서 도를 깨친 일은 없다."고 가르친다. 그러나 이런 말은 가장 해로워서 후학을 미혹케 하여 쏜살같이 지옥으로 끌고 가는 것이다.

대의(大義, 746~818)[20] 선사의 『좌선명(坐禪銘)』[21]에 이런 글이 있다.

참구할 필요 없다 절대로 큰소리 말지니
옛 분이 애써서 모범이 되어주지 않았던가.
지금은 낡은 누각 버려진 땅이지만
한번쯤 가꿔볼 만하지 않겠는가.[22]

切莫信道不須參　古聖孜孜爲指南
雖然舊閣閑田地　一度贏來得也未

만약에 참구할 필요 없이 문득 "나는 도를 깨쳤다"고 한다면 이는 하늘에서 떨어진 미륵, 땅에서 솟은 석가일 것이다. 이런 무리들을 이름하여 불쌍한 존재라고 한다.

이들은 대개 자기 스스로 참구하지는 않고 옛 스님들이 도를 묻고 대답한 것을 보고는 문득 자기가 깨달았다고 착각한다. 드디어 알음알이를 깨달음이라고 생각하여 그것으로 사람들을 함부로 속인다. 그러다가 호된 열병에라도 한번 걸리면 아프다고 하늘에 닿도록 소리치니 평생 동안 깨달은 것이 하나도 쓸모없게 된다. 이윽고 죽는 마당에 이르면 마치 끓는 냄비 속에 들어간 방게처럼 발버둥을 치니 그때 후회해 본들 무슨 소용이 있겠는가?

황벽(黃檗, ?~850)[23]선사께서는 이런 노래를 지으셨다.

> 티끌세상 벗어남은 보통일이 아니니
> 고삐를 꼭 잡고 한바탕 일을 치르라.
> 매서운 추위가 뼛속에 사무치지 않으면
> 어떻게 매화향기 코를 찌르랴.[24]

> 塵勞廻脫事非常　緊把繩頭做一場
> 不是一翻寒徹骨　爭得梅花馞鼻香

이것은 가장 간절한 말씀이니, 이것으로써 때때로 스스로를 채찍질하면 공부는 자연히 날로 향상될 것이다. 그것은 마치 백 리 길을 가는 데 한 발자국을 걸어가면 한 발자국만큼 길이 줄어드는 것과 같은 이치이다. 한 발자국도 걸어가지 않고 제자리에 머물러 있으면, 비록 자기 고향 일은 훤히 설명할 수가 있지만 진정한 고향인 깨달음에는 끝내 이르지 못하게 될 것이다. 자, 어느 쪽 일을 택해야 하겠는가?

18

간절하게 참구하라

　참선하는 데에는 '간절함'이라는 한마디가 가장 요긴하다. 간절함은 무엇보다도 힘이 있는 말이니 간절하지 않으면 게으름이 생기고, 게으름이 생기면 편한 곳으로 내쳐 마음대로 놀게 되며 못할 짓이 없게 된다. 만일 공부에 마음이 간절하면 방일할 겨를이 있겠는가.

　간절하다는 이 한마디만 알면 옛 스님들의 경지에 이르지 못한다고 근심할 필요도 없고, 생사문제를 해결하지 못한다고 근심하지 않아도 된다. 이 간절하다는 말을 버리고 따로 불법을 구한다면 모두 어리석고 미친 사람들로서 바깥으로 달리고 있는 것이다. 이런 사람과 어찌 같이 이야기할 수 있겠는가.

　간절하다는 이 한마디가 어찌 허물만 멀리할 뿐이겠는가? 당장 선(善)과 악(惡)과 무기(無記)의 3성(三性)을 뛰어넘을 수 있다. 무슨 뜻인가? 화두 하나에 온통 간절하게 마음을 쏟으면 선(善)도 생각하지 않게 되고 악(惡)도 생각하지 않게 되며, 또한 간절한 마음 때문에 무기(無記)에 떨어지지도 않는다.

화두를 간절히 참구하면 마음이 들뜨는 상태[掉擧]와 어둡게 가라앉는 상태[昏沈]가 없어지고, 화두가 눈앞에 나타나면 무기(無記)[25]에 떨어지지도 않는다.

그러므로 간절하다는 이 한마디가 가장 친절한 말이다. 마음씀이 매우 간절하면 마(魔)가 들어올 틈이 없다. 또한 있다[有] 없다[無]를 놓고 분별심을 내지 않아서 외도에 떨어지지도 않는다.

19

참선 중에는 앉아 있음도 잊어라

　참선하는 중에는 걸어가도 걷는 줄을 모르고 앉아 있어도 앉은 줄을 모르니, 이것을 "화두가 현전(現前)한다"고 말한다. 의정(疑情)이 깨어지지 않으면 몸과 마음이 있는 줄도 모르는데 하물며 걷고 앉는 일을 의식하겠는가.

20

주변사에 마음을 쓰지 말라

　참선하는 납자는 시(詩) 짓고 노래 부르며 글쓰기를 생각하는 일을 가장 조심해야 한다. 시나 노래로 대가가 되면 '승려시인 아무개'라 불리고, 문장력이 뛰어나면 '글 잘하는 아무개 스님'이라 불리지만 참선과는 아무 관련이 없는 일이다.

　마음에 맞거나 거슬리는 바깥 경계가 사람의 마음을 흔드는 경우를 만나면 그 자리에서 알아차려 깨뜨려야 한다. 그리고는 화두를 들고서 바깥 경계를 따라 굴러가지 말아야 비로소 제대로 되었다 할 수 있다.

　어떤 사람은 "그렇게 바짝 조여 댈 것 없다[不打緊]."고 말하는데 이러한 태도가 가장 사람을 그르치게 하는 공부이니, 납자라면 반드시 명심해야 한다.

21

공(空)에 떨어짐을 두려워 말라

　참선하는 사람이 흔히 공(空)에 떨어질까 두려워하는데 화두가 현전한다면 어떻게 공(空)에 떨어질 수 있겠는가. 공에 떨어질까 두려워하는 그것이 바로 공을 떠나지 못하고 있는 것이니, 하물며 화두가 현전할 수 있겠는가.

22

한 생각만 놓쳐도

참선할 때에 의정을 깨뜨리지 못했으면 마치 깊은 물가에 간 듯 살얼음판을 지나듯[26] 조심해야 하니, 털끝만큼이라도 한 생각 놓쳐 버리면 목숨을 잃어버리게 된다.

의정을 깨뜨리지 못하면 큰 이치를 밝히지 못한다. 이런 상태에서 숨이 떨어지면 또 한 생을 중음신(中陰身)[27]이 끄는 대로 끌려 다니다가 업식(業識)에 매이는 결과를 면치 못한다. 그리하여 계속 다른 몸을 받고 윤회하면서도, 머리를 바꾸고 얼굴을 바꾸어도 알아차리지 못한다. 이렇게 하여 의정에다 또 하나의 의정을 덧붙여서 화두를 들어도 결정코 밝혀야 할 곳을 밝히지 못하고 깨야 할 것을 깨지 못한다. 이 일을 도둑 잡는 일에 비유하자면 물증으로 장물(贓物)을 찾아내야 비로소 잡았다고 하는 것과 같다.

23

직접 부딪쳐 깨달아라

●

　참선할 때에는 깨닫겠다는 마음만 가지고는 안 된다. 이것은 마치 어떤 사람이 길바닥에 주저앉아서 집에 도착하기를 바라는 것과 같다. 이런 사람은 끝내 집에 도착하지 못할 것이니 반드시 계속 걸어가야만 집에 다다를 수 있다. 마찬가지로 마음만 가지고 깨닫기를 기다린다면 끝내 깨닫지 못할 것이니, 오직 직접 부딪쳐서 깨달아야 한다.

　크게 깨닫는 순간은 마치 연꽃이 활짝 피어나듯 하고, 또는 깊은 꿈에서 홀연히 깨어나는 듯하다. 꿈은 깨어나기를 기다리지 않아도 잠이 깊이 들고 나면 자연히 깨어나고, 꽃은 피어나기를 기다리지 않아도 때가 되면 저절로 핀다. 마찬가지로 깨닫기를 기다리지 않아도 인연이 맞으면 저절로 깨닫는다.

　이에 대해 나는 이렇게 생각한다.

　인연이 맞는다 할 때, 중요한 것은 화두가 간절하여 몸으로 부딪쳐서 깨달음을 얻게 하여야 되는 것이지 깨달을 때를 기다리라는 말은 아니다.

또 깨달았을 때는 마치 구름을 헤치고 하늘을 보듯 훤하게 사방이 탁 트여서 아무 곳에도 눈을 둘 곳이 없게 된다. 그리하여 하늘 땅이 뒤바뀌게 되니 이것이 또한 한바탕 뒤집힌 경계이다.

24

참선에 필요한 몇 가지 태도

　참선에는 긴박함[緊]과 바름[正], 면밀함[綿密]과 융활함[融豁]이 요구된다.

　무엇을 '긴박함'이라고 하는가? 사람의 생명은 호흡에 달려 있는데, 생사대사를 밝히지 못한 채로 숨이 떨어지면 앞길이 깜깜하여 어디로 가야 할지 모른다. 그러므로 긴장하지 않을 수가 없다. 옛날 어떤 큰스님도 "삼으로 꼰 신발이 물에 젖듯 하여 한 발짝 한 발짝 갈수록 조여드는 것과 같다."고 하셨다.

　무엇을 '바름'이라고 하는가? 납자들은 모름지기 바른 법을 가려낼 수 있는 안목을 갖추어야 하니, 3천 7백 조사들[28]에게도 다 공통된 안목이 있었다. 그러니 털끝만큼이라도 어긋남이 있으면 곧 잘못된 길로 들어가게 된다. 경(經)에서도 "오직 이 일승(一乘)만이 진실이고 나머지 이승(二乘)은 진실이 아니다."[29]라고 하였다.

　무엇을 '면밀함'이라고 하는가? 눈썹을 허공에다 매어 두고 바늘

구멍도 들어가지 못하고 물이나 술도 스며들 수 없을 정도로 털끝만한 틈도 용납하지 않는 것을 말한다. 만일 털끝만한 틈이라도 생기면 그 틈으로 마(魔)의 경계가 스며들게 된다. 그러므로 옛날 어떤 큰스님께서는 "한때라도 마음이 도(道)를 떠나면 죽은 사람과 같다."[30]고 하셨다.

무엇을 '융활함'이라고 하는가? 세계의 넓이가 1장(丈)이면 고경(古鏡)도 1장이고, 고경의 넓이가 1장이면 화로의 폭도 1장이 되는 것을 말한다.[31] 이 이치를 바둑에 비유할 수 있다. 바둑돌을 한곳에 몰아 놓고 거기에 매여서 죽은 바둑돌을 붙들고 있어서는 안 된다. 또한 양쪽 축머리에 돌을 벌려 놓고 망망하고 탕탕한 곳을 바라보기만 하여서도 안 된다. 옛 고승께서도 말씀하시기를, "허공과 같이 원만하여 모자라는 것도 남는 것도 없어야 한다."[32]고 하셨다.

참으로 융활한 곳에 이르게 되면 안으로는 몸도 마음도 보이지 않고, 밖으로는 세계가 있는 것도 보이지 않으니 그래야 비로소 도의 문턱에 이르게 된다. 긴박감만 있고 바른 길을 모른다면 노력을 헛되이 낭비하게 되고, 바른 길만 알고 긴박하지 못하면 도에 들어갈 수가 없다. 이미 도의 문턱에 들어갔으면 면밀해야만 도를 깨칠 수가 있고, 도를 깨쳤다면 융활해야만 비로소 경계를 변화시킬 수 있다.

25

딴 생각이 일어남을 조심하라

　참선할 때에는 한 가닥의 실오라기만큼도 딴 생각을 내서는 안 된다. 언제 어디서나 오직 한길로 본래 참구해 오던 화두만을 들고 의정을 일으켜 하나의 귀결처만을 찾는 데 분발해야 한다. 만약 털 끝만큼이라도 딴 생각이 있으면 이것은 옛사람이 말씀한 "잡독(雜毒)이 심장 속에 들어갔다"[33]는 것이다. 이렇게 되면 그 결과가 어찌 목숨만을 상하게 하는 데 그치겠는가. 부처님의 혜명(慧命)까지도 해치게 되니 납자라면 반드시 삼가야 한다.

　나는 이렇게 생각한다. '딴 생각[別念]'이란 단지 속세의 일뿐만 아니라 마음을 참구하는 일을 제외한 나머지 불법 중의 모든 좋은 일까지도 포함된다. 또한 어찌 불법에만 국한되겠는가. 갖고 버리고 집착하여 변화시키는 등 마음자리에서 생기는 모든 것도 다 딴 생각이라고 해야 한다.

26

끊임없이 참구하라

　참선하는 사람들이 흔히 공부가 잘 되지 않는다는 말들을 하는데, 그렇게 공부가 잘 되지 않을 때 더 열심히 공부해야 한다. 마치 사람이 길을 모르면 물어 찾으려고 애를 써야지, 물어도 길을 찾을 수 없다고 쉬어서야 되겠는가. 정확하게 길을 찾았거든 걷는 일이 중요하니, 똑바로 그 길을 걸어가서 목적지인 집에 도착해야 한다. 길바닥에 진을 치고 있어서는 안 되니, 걸어가지 않으면 끝내 집에 도착할 기약이 없다.

27

더 이상 마음 쓸 곳 없는 경지

　참선할 때 더 이상 마음 쓸 곳이 없는 경지, 즉 만 길 낭떠러지나 물도 다하고 산도 다한 곳, 초승달 그림자가 물소뿔에 새겨지는 경지[34]에 이르면 늙은 쥐가 쇠뿔 속에 덜컥 걸려들듯[35] 저절로 망정이 끊어지게 되리라.

28

민첩하고 약은 마음을 경계하라

참선할 때 가장 두려워해야 할 것은 민첩하고 약은 마음이다. 그것은 공부에는 먹지 못하게 되어 있는 약이니 조금이라도 먹었다 하면 아무리 좋은 약으로도 고칠 수 없다.

진정한 납자라면 앞 못 보는 사람이나 못 듣는 사람 같아야 한다. 그리하여 조금이라도 알음알이[心念]가 생기거든 마치 은산철벽(銀山鐵壁)에 부딪친 듯이 하라. 이렇게 해야 비로소 공부가 되어 가는 것이다.

29

자신과 세계를 하나로 하라

　진정하고 절실하게 공부하려면 자기 심신과 바깥세계를 불에 구운 쇠말뚝처럼 만들어야 한다. 그리고는 그것이 갑자기 폭발해서 끊어지고 부러지기를 기다렸다가 다시 그것을 주워 모아야만 비로소 공부가 되었다 할 것이다.

30

사견을 알아차리지 못함을 경계하라

공부할 때에는 잘못됨을 두려워할 것이 아니라 잘못을 모르는 것을 두려워해야 한다. 설사 수행을 하다가 잘못되는 일이 있다 하더라도 한 생각에 잘못임을 알고 받아들일 수 있으면, 이것이야말로 부처를 이루고 조사가 되는 기본이자 생사를 벗어나는 요긴한 길이며, 마(魔)의 그물을 깰 수 있는 날카로운 무기가 된다.

석가모니 부처님께서는 외도(外道)의 법(法)에 대하여 하나하나 몸소 경험해 나오셨다. 이것은 오직 사견(邪見)의 소굴 속에 안주하지 않고 "잘못인 줄 안 즉시 떠난다"[36]는 태도를 가지고 범부에서부터 부처자리에 이르셨던 것이다.

이 뜻이 어찌 세간을 벗어난 출가자에게만 해당되겠는가. 속인들도 생각을 잘못했을 때가 있거든, 오직 "잘못인 줄 알았으면 바로 버린다"는 이 뜻만 소화해낼 수 있으면 청정한 선남자가 될 수 있을 것이다.

만약 잘못을 고집하며 옳다 여기고 잘못인 줄 알려 하지 않는다면 비록 살아 있는 부처가 나타난다 하더라도 구해내지 못할 것이다.

31

시끄러운 경계를 피하려 하지 말라

　참선할 때에는 시끄러운 것을 피하려 해서는 안 된다. 고요한 곳을 찾아가 눈을 감고 앉아 있으면 도깨비굴 속에 앉아 살아날 궁리를 하는 셈이다.

　옛사람이 이른바 "흑산(黑山) 밑에 앉아 있는데 사수(死水)가 젖어 들어올 때"[37]이다. 어느 쪽으로 건널 것인가? 그러므로 환경과 인연의 굴레 속에 있으면서 공부해 나가야 비로소 힘을 얻는다. 그리하여 문득 한 구절의 화두가 눈썹 위에 붙어 있게 되면, 걸어갈 때나 앉아 있을 때나 옷 입고 밥 먹을 때나 손님을 맞이할 때나 오직 그 화두의 귀결처만을 구명하고자 하게 된다. 그러다 어느 날 아침, 얼굴을 씻다가 콧구멍을 더듬어 만져 보고 원래 그 자리에 붙어 있었음을 알게 되면 곧 성찰하는 힘을 얻는다.

32

알음알이를 공부로 오인하지 말라

　참선할 때에는 알음알이를 공부로 오인하는 것을 가장 두려워해야 한다. 혹 눈썹을 치켜뜨고 눈을 깜박거리며 머리를 흔들고 생각을 굴리는 것에 무엇인가 있다고 여겨서 알음알이를 붙들고 참선에 임한다면 외도(外道)의 노예도 되기 힘들 것이다.

33

마음 갈 곳이 없도록 하라

　참선할 때에는 어디에고 마음 쓸 곳이 없게[心行處滅] 해야지, 옛 사람들이 도를 묻고 대답한 기연(機緣)을 생각하는 데 마음을 쏟아서는 절대로 안 된다.

　동산(洞山, 807~869)스님께서는 "갖가지 묘한 경계를 체험하고도 근본 종지(宗旨)를 잃어버려서 본말조차 알아보지 못하는 근기"[38]라고 하셨으니 함께 도를 이야기할 자격이 없다.

　만일 도리를 깨달았으면 하나하나가 모두 삼매(三昧)여서 자기 마음속에서 흘러나오게 되니, 사유 조작과 어찌 하늘과 땅 차이뿐이겠는가.

34

공부가 향상되지 않음을 두려워 말라

공부가 향상되지 않는다고 걱정하지 말고 향상이 되도록 하는 것이 공부이다. 옛 스님께서도 "아무 방편도 쓰지 않음이 해탈에 이르는 문이고, 아무 생각도 없음이 깨달은 이의 생각이다."[39]라고 말씀하셨다.

중요한 것은 깨달음에 들어가는 모든 방법을 몸소 체득하는 일이니, 공부가 향상되지 않는다고 그 자리에서 물러나 버리면 설사 백천 겁을 태어나도 어찌할 수 없을 것이다.

35

다급한 마음으로 생사문제에 매달려라

의정(疑情)이 막 일어나서 놓고 싶어도 놓을 수 없게 되면 이것이 깨달음으로 가는 길이다. 생사문제를 늘 염두에 두고 마치 호랑이에게 쫓기는 듯 다급해야 한다. 죽어라고 달려서 집에 도착하지 못하면 반드시 목숨을 잃게 되는데 이래도 어정거릴 것인가?

36

여러 공안을 천착하지 말라

　참선할 때에는 하나의 공안(公案)에만 마음을 쏟아야지 여러 공안에 알음알이를 지어서는 안 된다. 비록 많은 공안을 이해하였다고 생각하더라도 결코 깨달은 것은 아니다.
　『법화경(法華經)』에서는 "이 법(法)은 사량분별로는 깨달을 수 없다."[40]고 하였고, 『원각경(圓覺經)』에서도 "알음알이로 원만하게 깨달은 여래의 경지를 헤아려 보려는 것은 마치 반딧불로 수미산을 태우려는 것과 같아서 결코 될 수 없는 일이다."[41]라고 하였다.
　또한 동산(洞山)스님께서도 이렇게 말씀하셨다.
　"알음알이로 묘한 깨달음을 배우려 함은 서쪽으로 가려 하면서 동쪽으로 발을 내딛는 짓과 마찬가지이다."[42]
　공안을 참구하는 모든 납자들은 살아서 피가 흐르는 자라면 부끄러운 줄을 알아야 할 것이다.

37

경론에서 증거를 드는 알음알이를 조심하라

　참선할 때에는 화두를 들고서 오직 이 의정이 깨어지지 않았음을 알았으면 끝까지 딴 생각[第二念]을 말아야지, 경(經)을 뒤져 증거를 대가며 알음알이에 끌려서는 절대로 안 된다.
　알음알이가 일단 작동하면 망념이 갈래갈래 치달리게 되니, 그때 가서 말길이 딱 끊기고 마음 쓸 곳이 없어진 경지를 얻고자 한들 되겠는가?

38

잠시도 중단하지 말라

도(道)란 잠시라도 떨어질 수 없는 것이니, 떨어질 수 있는 것이라면 그것은 도가 아니다.[43] 공부는 잠시라도 중단해서는 안 되니, 중단해도 된다면 그것은 공부가 아니다.

진정한 납자라면 마치 눈썹이나 머리에 붙은 불을 끄듯 절실하게 공부를 해야 하니, 어느 겨를에 딴 생각을 내겠는가. 옛 큰스님께서도 "마치 한 사람이 적병 만 명과 싸우듯 해야 한다."고 하셨으니 한눈을 팔 겨를이 있겠는가. 이것은 공부에 가장 요긴한 말이니 반드시 유념해야 한다.

39

깨닫지 못하고서 남을 가르치지 말라

공부하는 사람은 자기가 깨닫지 못하였으면 오직 자기 공부만을 힘써야지 남을 가르쳐서는 안 된다. 서울에 가 보지도 않고 다른 사람을 위해 서울 이야기를 해주는 것은, 남을 속일 뿐 아니라 자기 자신까지도 속이는 일이다.

40
방일과 무애를 혼돈하지 말라

참선할 때에는 새벽이나 밤이나 감히 게을러서는 안 된다. 자명(慈明, 986~1040)⁴⁴스님 같은 분은 밤에 잠이 오면 송곳으로 자기 살을 찌르면서, "옛사람은 도를 위해서라면 밥도 안 먹고 잠도 자지 않았다고 하는데 나는 도대체 어떤 사람이냐?"라고 하였다 한다.⁴⁵

옛사람은 석회로 테두리를 그려 놓고 깨치지 못하면 한 발자국도 그 안에서 나오지 않았다고 한다. 그런데 지금 사람들은 생각과 감정이 이끄는 대로 방탕하게 놀며 자제할 줄 모르면서 그것을 '걸림 없는 공부'라 하고 있으니 매우 가소로운 일이다.

41

얻어진 경계에 집착하지 말라

　참선하는 중에 몸과 마음이 거뜬[輕安]해지거나 혹은 화두를 이해했을 때 그것을 '깨달음'이라 여겨서는 안 된다.
　나 박산(博山)은 당시 '뱃사공 스님은 종적을 감췄다'는 화두[46]를 들고 있었는데, 하루는 『전등록(傳燈錄)』을 읽다가 조주(趙州, 778~897)스님께서 어떤 스님에게 부촉하는 말씀인 "3천 리 밖에서 사람을 만나거든" 하는 대목[47]을 보고는 나도 모르게 메고 있던 부대를 끌러 천 근 짐을 내려놓은 듯하였다. 그때 나는 확실하게 깨쳤다고 생각하였는데 나중에 보방(寶方, 1579~1649)스님[48]을 만나게 되자 나의 깨달음이란 것이 마치 네모난 나무를 둥근 구멍에 맞추려는 것처럼 터무니없어 비로소 부끄러운 줄을 알게 되었다. 그러니 내가 깨달았다고 생각한 다음에 큰 선지식을 만나지 않았다면 비록 경안(輕安)은 얻었을지 모르나 끝내 깨닫지는 못했을 것이다.
　보방스님께서는 이런 노래를 지어 주며 나를 격려하셨다.

공(空)으로 공(空)을 밀쳐내니 그 공(功) 더없이 크고
유(有)로 유(有)를 쫓아내니 그 덕이 더욱 오묘하다.
가섭이 (자기 마음에 맞는 대로) 두타행에 안주했다고 하는 비난은
편안함 얻은 곳에서 편안함을 잃는다는 말이네.

空拶空兮功莫大　有追有也得猶微
謗他迦葉安生理　得使宜處失便宜

  이 게송은 백척간두(百尺竿頭)에서 한 걸음 더 내딛게 하는 말씀으로 선을 공부하는 납자들은 잘 살펴야 할 것이다.
  나는 납자들에게 이렇게 말한 적이 있다.
  "내가 보방스님에게서 유(有)와 공(空)을 긍정하지 않는 뜻을 터득하고 나서부터는 응용[受用]이 무궁하였다."

42

도리를 따져 이해하려 들지 말라

참선할 때는 도리를 따져 이해하려 들어서는 안 되니, 오직 자꾸 자꾸 참구해 나아가야 비로소 의정을 일으킬 수 있다. 만약 도리를 따져 이해하려 든다면 이것은 무미건조한 껍데기일 뿐이니, 그 결과는 비단 자기의 생사대사를 확철대오하지 못할 뿐 아니라 의정을 일으키는 일조차 못할 것이다.

마치 어떤 사람이 "그릇 속에 담긴 것은 어떠어떠한 물건이다."라고 말했을 때, 그 속에 담긴 것은 사실 그가 지목한 물건이 아닌 경우와 같다. 그는 아닌 것을 옳다 하고 있으니 의정이 생겨날 수가 없다. 비단 의정이 생겨나지 않을 뿐 아니라 저것을 이것이라 하고 이것을 저것이라 한다. 이와 같이 착각하고 있다면 그릇을 열고 한 번 몸소 그 속을 보지 않는 한, 죽을 때까지도 그 속에 담긴 것을 가려내지 못할 것이다.

43

아무것도 하지 않음이
도라는 생각에 빠지지 말라

참선할 때에는 '아무것도 하지 않음이 도(道)'라는 생각을 해서는 안 되고, 오직 이 도리를 밝혀내고야 말겠다는 뜻을 굳게 세워야 한다. 만약 아무것도 하지 않음이 바로 도(道)라는 생각에 빠지면 일생 동안 그저 '아무 일 없는 놈'일 뿐이다.

그러면 가사(袈裟) 속의 생사대사는 끝내 깨닫지 못할 것이다. 이는 마치 잃어버린 물건을 찾음과 같아서 확실하게 찾았으면 비로소 일이 끝나지만, 확실히 찾지도 못한 채 무사안일에 몸을 맡겨 찾아보려는 의지조차 없다면 설사 잃은 물건이 나타나더라도 빤히 보면서도 지나쳐 버리게 되니, 이것은 그에게 찾으려는 의지가 없기 때문이다.

44

단번에 깨치려고 하지 말라

　참선할 때에는 번갯불 부싯돌[電光石火]처럼 반짝하는 사이에 깨치겠다는 마음을 먹어서는 안 된다. 빛이 문 앞에 번득거릴 때 반짝하고 보이는 것이 있었든 없었든 거기에서 무엇을 건져낼 수 있단 말인가? 요는 착실히 실천해 가면서 직접 자기 눈으로 한번 확인해야만 비로소 제대로 되었다 할 것이다.

　만약 진득하게 하여 뜻대로 되어 간다면 맑은 하늘 밝은 해 아래 잃었던 부모를 만난 듯 하리니, 세상에 이보다 즐거운 일은 없을 것이다.

45

사유와 판단을 주의하라

화두를 들 때에는 의식 속에서 알음알이를 내어서는 안 된다. 따져 보고[思惟] 판단하는[卜度] 등의 일은 공부를 조금도 진척시키지 못하고 의정을 일으킬 수도 없게 한다. 그러므로 '알음알이'라는 네 글자는 바른 믿음과 바른 수행을 장애하고 아울러 도를 볼 수 있는 안목을 가로막는다. 그러므로 납자들은 그것을 마치 철천지 원수 집안처럼 대해야 한다.

46

화두를 말 그대로 받아들이지 말라

화두를 들 때에는 화두 표면상에 나타난 의미를 글자 그대로 받아들여서는 안 된다. 만약 그대로 받아들이면 이런 납자를 이른바 '얼굴만 멀쩡한 바보'라고 하니, 마음을 참구하는 일과는 아무 상관도 없다.

오직 의정을 일으키고 타파하여 끝내 쉽게 수긍할 것도 없고 쉽게 수긍하는 자도 없게 해 공중누각(空中樓閣)이 사방팔방으로 뻥 뚫린 것처럼 걸림이 없어야 한다. 그렇지 않으면 도적을 자식으로 알고 하인을 신랑인 줄 착각하는 꼴이 된다. 옛 큰스님께서도 "당나귀 안장자루를 아버지 턱뼈라고 부르지 말라"[49] 하셨으니 바로 이 뜻이다.

47

남의 설명을 기대하지 말라

　참선할 때에는 남이 다 설명해 주기를 바라서는 안 된다. 설령 남이 설명해 준다고 해도 그것은 다른 사람의 도이므로 자기와는 아무 상관이 없다.
　이것은 마치 어떤 사람이 서울 가는 길을 묻는데 오직 길만 가르쳐 달라고 해야지 거기에 서울 소식을 물어서는 안 되는 것과 같다. 그가 서울 소식을 낱낱이 설명해 준다 해도, 그것은 그 사람이 본 서울이지 길을 물은 사람이 직접 본 서울은 아니다. 마찬가지로 자기는 힘써 노력하지 않고 다른 사람이 다 설명해 주기를 바란다면 바로 이런 꼴이 되는 것이다.

# 48

공안만을 참구하라

　참선할 때 오직 공안(公案)을 참구하지는 않고 이런저런 생각이 오락가락한다면 도(道)와 무슨 상관이 있겠는가? 그런 식으로는 미륵이 하생할 때까지 계속해 보았자 역시 도와는 아무 상관도 없을 것이다.
　잡념이 일어날 때 왜 아미타불을 염(念)하지 않는가? 염불은 참선에 도움이 되는 일이다. 그것은 불필요한 생각을 없애 줄 뿐만 아니라 하나하나 화두를 드는 데도 무방한 일이기 때문이다.
　가령 '개에게는 불성(佛性)이 없다'는 화두를 들 때라면 그 '없다'는 말에 달라붙어 의정을 일으키고, 또 '뜰 앞의 잣나무니라' 하는 화두를 들 때는 그 '잣나무'에 대하여 의정을 일으키고, '만법이 하나로 귀결되는데 그 하나는 어디로 귀결되는가'라는 화두를 들 때는 '그 하나는 어디로 귀결되는가'에 의심을 일으켜야 한다.
　일단 의심이 일어나면 시방세계 모두가 하나의 의심덩어리가 된다. 그리하여 부모에게서 받은 이 몸과 마음을 잊고 온통 의심덩어리뿐이다. 시방세계가 있는지, 또는 어디까지가 나 자신이고 어디까지가 바깥세상인지도 모르는 가운데 온통 한 덩어리가 된다. 그러다가 대나무 테를 맨 쿨동이가 탁 터지듯 의심덩어리가 풀리고 나면 다시 선지식을 만나게 되었을 때 입을 열기도 전에 이미 생사대사는 다 마친 뒤라 비로소 박장대소하게 된다.

그리고 난 뒤 그때까지도 공안을 천착하고 있는 사람들을 돌아보면 마치 말 배우는 앵무새와 같으니 무엇 때문에 거기에 섞이겠는가?

49

바른 생각을 지녀 사견에 빠지지 말라

참선할 때에는 잠시도 바른 생각[正念]을 잃어버려서는 안 된다. 만약 참구하는 한 생각을 잃어버리면 반드시 딴 길로 빠져들어 망망히 돌아오지 못하게 된다.

예컨대 어떤 납자가 오직 깨끗한 곳에 앉아 맑고 고요하여 티끌 한 점 없는 것을 좋아하며 이것만이 공부라고 생각한다면, 이런 사람을 '바른 생각을 잃어버리고 맑고 고요한 데 빠진 사람'이라고 부른다. 혹 어떤 사람은 말로 도리를 설명하며 동정(動靜)의 방편을 짓는 것을 공부라고 인정하는데, 이런 사람을 '바른 생각을 잃어버리고 알음알이를 인정하는 사람'이라고 부른다.

또 어떤 사람은 망심을 가지고 망심이 일어나지 못하도록 억지로 내리누르는 일을 공부라고 생각하는데, 이런 이를 가리켜 '망심으로 망심을 누르는 납자'라고 한다. 이런 경우는 마치 풀 위에 돌을 올려놓는 것과 같으며 또한 파초(芭蕉) 껍질을 벗겨내는 일과 같으니 한 겹을 벗겨내면 또 한 겹이 있어 끝날 날이 없을 것이다.

혹 어떤 납자는 몸과 마음은 허공과 같다고 상상으로 관(觀)하여 담벼락처럼 아무 생각도 일으키지 않는데, 이런 사람도 '바른 생각을 잃은 납자'라고 부른다.

현사(玄沙, 835~908)[50] 스님께서는 이렇게 말씀하셨다.

"마음을 단단히 굳혀 단속하고 모든 현상[事]을 공(空)으로 귀착시킨다면 이런 사람은 '단견[空亡]에 떨어진 외도요, 혼(魂)만 흩어지지 않았지 사실 죽은 사람이다."[51]

이상은 모두 바른 생각을 잊은 데서 오는 병통이다.

50

바른 생각으로 간절하게 참구하라

　참선할 때 의심이 일어났거든 이제는 그것을 깨부숴야 한다. 그 의심이 깨어지지 않을 때는 바른 생각을 굳건히 하고 용맹심을 내어 간절하고 또 간절하게 참구해야만 비로소 제대로 되어 간다 하겠다.
　경산대혜(徑山大慧, 1089~1163)[52] 스님께서도 다음과 같이 말씀하셨다.
　"대장부가 일대사인연(一大事因緣)을 결판내려 한다면 우선 체면치레부터 집어치우고 조급한 마음으로 척추를 세워 꼿꼿하게 앉아서는 인정에 끌리지 말라. 평소에 품어 오던 자기 의심을 붙들어 늘 염두에 두고는, 마치 만백 냥을 빚진 빚쟁이가 사람들에게 상환을 추궁 받는데 갚아 줄 돈이 한 푼도 없어 사람들에게 당할 치욕을 두려워하듯 늘 그래야 한다. 그렇게 급할 것 없는 데서 다급해하고, 바쁠 것 없는 데서 바삐 서두르며, 큰일 날 것도 없는 데서 무슨 일이나 난 듯 참구해 나가야만 비로소 이 생사문제가 해결될 기미가 보이리라."[53]

주
:

1   원문은 "敲門瓦子"이다. 문을 두드려 사람을 부르는 기와조각이라는 뜻이다. 보통 수단 방편이라는 뜻으로 선어록에 많이 보인다. 예를 들면 『원오불과선사어록(圓悟佛果禪師語錄)』 권15(T47-781c)에서는 화두를 묻는 어느 스님에게 원오스님이 "사람을 이끌어 이치에 들어가게 하는 문이니 문을 두드리는 기와조각이다(明知是接引入理之門 敲門瓦子)."라고 하였다.

2   원문은 "大疑大悟 小疑小悟 不疑不悟."이다. 누구의 말인지는 정확하게 알 수 없다. "古云" 등으로 관용구로 인용되는 경우가 많다.

3   원문은 "倚天長劍"이다. 『조정사원(祖庭事苑)』 권4(X64-368c)에서는 이 말의 출처로 전국시대 초나라 시인인 송옥(宋玉)의 『대언부(大言賦)』를 든다. "송옥의 대언부에 '모난 땅을 여(輿)라 하고 둥근 하늘을 개(蓋)라 한다. 굽어진 활은 부상(榑桑)을 향해 쏘고 긴 검은 하늘 밖에 기대 있다'고 하였다(宋玉大言賦 方地爲輿 圓天爲蓋 彎弓射扶桑 長劍倚天外)." 『종용록』 권6 제95칙 "임제의 한 획[臨濟一畫]"(T48-289a)에서도 같은 내용을 볼 수 있다.

4   초(楚)나라 때 한 사람이 배를 타고 나루를 건너다가 실수하여 칼을 물속에 빠뜨렸는데, 그 자리에서 뱃전에 표를 해 두었다가 배가 나루에 닿은 뒤 표를 해 둔 뱃전 밑의 물속에 들어가서 칼을 찾고 있더라는 각주구검(刻舟求劍)의 고사. 여기에서는 점수(漸修)를 인정하지 않는다는 뜻으로 쓴다.

5   "법복 속의 큰일"은 동산양개 스님의 법문이다. "동산스님이 물었다. '세간에서 어떤 것이 가장 고통스러운가?' 스님이 '지옥이 가장 고통스럽습니다' 하고 답하자 동산스님이 그렇지 않다고 하였다. 동산스님의 생각을 묻자 '법복 속의 것이 큰일이 아닌 것이 가장 고통스럽다'고 하였다(師問僧 世間何物最苦 僧云地獄最苦 師曰不然 云師意如何 師曰 在此衣線下不

	明大事 是名最苦)." 『동산오본선사어록(洞山悟本禪師語錄)』 권1(T47-511c)
6	원문은 "攪渾世界"이다. 박산무이 스님의 독특한 법문으로 보인다.『참선경어』에서「제4장 의정을 일으킨 납자에게 일러주는 이야기」의 "2. 경계에 빠져 나아갈 바를 모르는 장애"에도 보이고(X63-764b) 박산스님의 어록에도 보인다.(X72-246c) 이것은 다시 박산스님 밑에서 참선을 배운 영각원현(永覺元賢, 1578~1657)의 어록에도 보인다.(X72-502b).
7	원문은 "生心動念 卽乖法體."이다. 청량징관(淸涼澄觀, 738~839)의 『대방광불화엄경수소연의초(大方廣佛華嚴經隨疏演義鈔)』 권74「십통품(十通品)」(T36-585b)을 대표로 주로 징관 관련 문헌에 보인다.
8	마음을 흔들어 놓는 여덟 가지 경계이다. 흔히 8풍(八風) 또는 8법(八法)이라고 한다. 송대 도성(道誠)의 『석씨요람(釋氏要覽)』 권3(T54-296c)에서는 8풍으로 "利 衰 毁 譽 稱 譏 苦 樂"을 들고 설명은『불지경론(佛地經論)』을 인용하고 있다. "8풍은 이로움[利], 잃음[衰], 무너짐[毁], 드날림[譽], 칭찬[稱], 혐오[譏], 괴로움[苦], 즐거움[樂]이다.『불지론』에서 '뜻한 대로 일을 얻은 것을 이로움이라고 하고, 뜻한 바를 잃은 것을 잃음이라고 한다. 앞에서 비방하거나 폐하지 않는 것을 무너짐이라고 하고, 앞에서 칭찬하고 찬미하지 않는 것을 드날림이라고 한다. 앞에서 찬미하는 것을 칭찬이라고 하고, 앞에서 비방하고 폐하는 것을 혐오라고 한다. 몸과 마음을 괴롭히는 것을 괴로움이라고 하고, 몸과 마음이 유쾌해지는 것을 즐거움이라고 한다'고 하였다(利衰毁譽稱譏苦樂 佛地論云 得可意事名利 失可意事名衰 不現前誹撥名毁 不現前讚美名譽 現前讚美名稱 現前誹撥名譏 逼惱身心名苦 適悅身心名樂)."
9	10주(住)·10행(行)·10회향(廻向)의 3현과 10지(地)의 10성.
10	성문(聲聞)·연각(緣覺)·보살(菩薩)에 대한 세 가지 교법(敎法)을 말한다. 성문승은 부처님의 음성을 듣고 이를 관(觀)하여 깨달음을 얻게 하는 가르침이고, 연각승은 12인연의 법문(法門)을 통해 스승에게 묻지 않고 스스로 인연법을 깨치게 하는 가르침이며, 보살승은 6바라밀의 법문을 통해 스스로도 깨닫고 남도 깨닫게 하는 가르침이다.

11 불생불멸하는 진여법성(眞如法性)을 확실하게 알고[忍知] 거기에 편안히 머물러 더 이상 움직이지 않는 경지.

12 유식(唯識)에서는 심신을 혼란케 하여 업을 짓게 하는 것을 번뇌장(煩惱障)이라 하고, 업을 일으키는 작용은 없으나 알아야 할 대상인 진여를 알지 못하도록 지혜를 막는 것을 소지장이라 한다. 보살은 이 두 가지를 동시에 끊어야 불과(佛果)를 얻을 수 있으나 번뇌장만 끊고 소지장을 끊지 않으면 무루업(無漏業)을 도와서 변역생사(變易生死)를 받는다고 한다.

13 원문은 "如華嚴疏云 見有能說法者 有所聽法衆 尚未入乎信門."이다. 『화엄경』이나 『화엄경』 주석서 중에서 정확하게 해당하는 부분은 보이지 않는다. 박산무이 스님과 비슷한 시기 인물인 종보도독(宗寶道獨, 1600~1661)의 어록에도 거의 비슷한 문장이 보이므로 화엄 관련 문헌을 출전으로 하여 관용구처럼 흔히 사용되었던 것으로 보인다. 『종보도독선사어록(宗寶道獨禪師語錄)』 권5 "華嚴云 有能說法之人 有所聽法之衆 尚未入信門"(X72-759a) 이밖에 『종경록(宗鏡錄)』 권79(T48-850b)에는 "그러므로 만약 안과 밖을 집착한다면 마음과 경계가 대치하니, 오히려 믿음의 문에도 들어가지 못한다(是以若執內外 則心境對治 尚未入於信門)."고 하였다.

14 『묘법연화경(妙法蓮華經)』 권1 「방편품(方便品)」 "盡思共度量 不能測佛智."(T9-6a).

15 오거산(烏巨山) 의안개명(儀晏開明, 876~990) 스님의 고사이다. 개명스님이 덕엄(德嚴)스님을 찾아가 참선하고 있던 어느 날 덕엄스님이 밭에 가서 복숭아를 따오게 하였는데 열흘이 넘도록 돌아오지 않아서 찾아가 보았더니 개명스님이 복숭아나무에 올라가 바위에 기대고 잠자듯 선정에 들어 있었고 덕엄스님이 손가락을 퉁겨 소리를 내서 선정에서 벗어나게 하였다고 한다. 『오등회원』 권8(X80-176bc).

16 원문은 "那伽常在定 無有不定時."이다. 혜능스님의 말씀이라고 하였지만 이런 내용의 게송은 보이지 않는다. 이 게송은 다양한 문헌에서 "故

云" 등의 형태로 격언처럼 인용하고 있다.

17 당나귀 띠에 해당하는 해가 12간지에 없는 것처럼 실현될 가능성이 없음을 비유하는 말이다.

18 이미 아는 사실을 가지고 비교해서 아직 알지 못하는 사실을 추측하는 것을 가리킨다. 예를 들면, 연기가 올라오는 것을 보고 그 아래에 불이 있음을 미루어 아는 것과 같은 일이다.

19 은과 철은 뚫기 어렵고, 산과 벽은 높아 오르기 어려움을 나타낸 것이다. 깨뜨리기 어려운 장애를 비유하는 말이다.

20 아호대의(鵝湖大義, 746~818). 당대(唐代) 스님. 속성은 서(徐) 씨이고 절강성 구주 수강(須江) 출신이다. 강서성 홍주(洪州)의 마조도일(馬祖道一, 709~788)에게 참구하여 법을 이어받았다. 강서성 신주(信州) 아호산(鵝湖山)에 머물렀다. 효문제(孝文帝)의 부름에 응하여 설법하고, 덕종(德宗)과 순종(順宗)에게도 설법하였다. 시호는 혜각(慧覺)대사.

21 『치문경훈(緇門警訓)』권2(T48-1048bc)에 전문이 실려 있다.

22 『치문경훈(緇門警訓)』권2「아호대의선사 좌선명(鵝湖大義禪師 坐禪銘)」(T48-1048c). 다만 첫 구절 "切莫信道不須參"이 "切莫聽道不須參"으로 되어 있다.

23 황벽희운(黃檗希運, ?~850). 당대(唐代) 스님. 복건성 복주(福州) 민현(閩縣) 출신. 복주의 황벽산에 출가한 후, 강서성 백장산(百丈山)의 백장회해(百丈懷海, 749~814)의 제자가 되어 법을 이어받았다. 대안사(大安寺)에 머물며 많은 제자를 가르치다가 상공 배휴(裵休, 797~870)의 청에 응하여 강서성 종릉(鍾陵)에 가서 자신의 출가지인 복주 황벽산의 이름을 따서 황벽이라 이름짓고 개조가 되었으며 이로부터 황벽의 선풍이 크게 일어났다. 회창(會昌) 2년(842)에 용흥사(龍興寺), 대중(大中) 2년(848)에 안휘성 완릉(宛陵)의 개원사(開元寺)에 머물렀다. 제자에는 중국 임제종의 시조인 임제의현(臨濟義玄, ?~867)이 있다. 배휴가 집록(集錄)한 법어집으로『전심법요(傳心法要)』가 있다. 시호는 단제(斷際)선사.

24 황벽스님의 오도송(悟道頌)으로 널리 알려져 있다. 『황벽단제선사완릉

록(黃檗斷際禪師宛陵錄)』권1(T48-387b).

25 선도 아니고 악도 아닌 성질을 무기라고 하는 데에서 마음에 별 다른 작용이 없이 감각이 없는 상태를 가리킨다.

26 『논어(論語)』「태백편(泰伯篇)」에서 "『시경(詩經)』에서 '몸가짐을 조심하고 경계하여 마치 깊은 물가에 임한 듯이 하며 얇은 얼음을 밟는 듯이 하라'고 하였다(詩云 戰戰兢兢 如臨深淵 如履薄冰)."고 하였다.

27 중유(中有) 또는 중온(中蘊)이라고도 한다. 중생이 죽어 다음 생을 받을 때까지의 49일간을 가리키는 말이다. 극히 선하거나 극히 악한 업을 지은 중생은 죽으면서 곧 다음 생을 받으므로 중음이 없으나, 보통은 이 중음으로 있을 동안에 다음 생의 과보가 결정된다고 한다.

28 "3천 7백 조사"라는 표현은 『무이원래선사광록(無異元來禪師廣錄)』에만 보이다시피 한다. 박산무이 스님의 독특한 표현으로 보인다. 공안에 대해서도 박사무이는 "3천 7백 공안"이라고 표현한다. 『무이원래선사광록』권28(X72-351a).

29 『묘법연화경(妙法蓮華經)』권1 「방편품(方便品)」 "唯此一事實 餘二則非眞."(T9-8a).

30 원문은 "一時不在 如同死人."이다. "暫時不在 如同死人."의 형태로도 쓰이며 다양한 선종 문헌에서 문답으로 활용되고 있다. 『종용록』권3 제45칙 "원각경의 네 구절[覺經四節]"에서도 보인다.(T48-256a).

31 "설봉의존(雪峰義存, 822~908)이 현사사비(玄沙師備, 835~908)에게 '세계의 넓이가 1척이면 고경의 넓이도 1척이고, 세계의 넓이가 1장이면 고경의 넓이도 1장이다'라고 하자 현사가 화로를 가리키며 말했다. '화로의 넓이는 어떻습니까?' 설봉이 '고경의 넓이와 같다'고 하자 현사가 '노스님 발뒤꿈치가 아직 땅에 안 닿았습니다' 하였다(雪峰曰 世界濶一尺 古鏡濶一尺 世界濶一丈 古鏡濶一丈 師指火爐曰 火爐濶多少 峰曰 如古鏡濶 師曰 老和尚脚跟未點地在)." 『현사사비선사어록(玄沙師備禪師語錄)』권2(X73-36a).

32 원문은 "圓同太虛 無欠無餘."이다. 『신심명(信心銘)』(T48-376b).

33 원문은 "雜毒入心"이다. 많은 선종 문헌에서 인용되는 표현이다. 대표적

으로 『대혜보각선사어록(大慧普覺禪師語錄)』 권21(T47-898b) 참조.

34 원문은 "蘿紋結角"이다. "結角羅紋"으로 쓰기도 한다. '나문(蘿紋)'은 주름살이고, '결(結)'은 단단히 매여진다는 뜻이다. 무소[犀]가 초사흘달을 보면 뿔에 달의 그림자가 새겨진다고 한다. 범부가 깨달음을 얻고 불신(佛身)으로 전화하려는 경지를 비유하는 표현이다.

35 원문은 "老鼠入牛角"이다. 옛날에는 쇠뿔에 기름을 먹여 등잔불로 썼는데 쥐가 그것에 걸려들어 가면 꼼짝없이 나올 수가 없으니, 공부가 다 되어 저절로 깨치게 되는 순간을 비유하는 표현이다.

36 원문은 "知非便捨"이다. 『경덕전등록(景德傳燈錄)』에서 석가모니 부처님이 선인들에게 선정을 배울 때를 묘사하면서 이 표현을 쓴다.(T51-205b) 그 외에도 많은 선종 문헌이 이 표현을 활용하고 있다.

37 원문은 "黑山下坐 死水浸"이다. 대의(大義, 746~818)선사의 『좌선명(坐禪銘)』에 보인다. 『치문경훈(緇門警訓)』 권2(T48-1048c).

38 원문은 "體妙失宗 機昧終始"이다. 동산스님이 향상인의 진위를 판단하는 데에 세 가지 삼루(滲漏), 즉 미혹이 있다고 설명한다. 세 가지는 망정이 새어나오는 것[情滲漏]과 견해가 새어나오는 것[見滲漏]과 말이 새어나오는 것[語滲漏]인데 인용된 부분은 그 중에 세 번째에 대한 설명이다. "향상인(向上人)의 진위(眞僞)를 분별하고자 한다면 여기에는 세 가지 삼루(滲漏)가 있다. 곧 망정이 새어나오는 것[情滲漏]과 견해가 새어나오는 것[見滲漏]과 말이 새어나오는 것[語滲漏]이 그것이다. 견삼루란 작용이 단계적인 지위를 떠나지 못하면 독바다[毒海]에 떨어진다는 것이며, 정삼루란 지혜에 항상 안정되지 못해 식견이 치우치는 것이며, 어삼루란 오묘함만을 따르다가 종지를 잃어 언제나 상황판단이 어두운 것이다. 이 세 가지 삼루를 마땅히 알아야 한다(若要辨認向上之人眞僞者 有三種滲漏 情滲漏 見滲漏 語滲漏 見滲漏 機不離位 墮在毒海 情滲漏 智常向背 見處偏枯 語滲漏 體妙失宗 機昧終始 此三滲漏 宜已知之)." 『벽암록』 권2 제15칙 "운문의 일대시교를 뒤집어엎음[雲門倒一說]"(T48-155c).

39 원문은 "無門解脫之門 無意道人之意."이다. 『현사사비선사어록(玄沙師

備禪師語錄』권1(X73-29c)에 보인다.

40 『묘법연화경』권1 「방편품」 "是法非思量分別之所能解."(T9-7a).

41 『원각경(圓覺經)』권1 "以有思惟心 測度如來圓覺境界 如取螢火燒須彌山 終不能著."(T17-915c).

42 『오등회원(五燈會元)』권6 「서주구봉도건선사(瑞州九峰道虔禪師)」 "洞山道 擬將心意學玄宗 大似西行却向東."(X80-124b).

43 『중용(中庸)』제1장 "道者也 不可須臾離也 可離 非道也."

44 석상초원(石霜楚圓)을 가리킨다. 송대(宋代) 임제종 스님. 수계 이후 총림을 편력하다가 분양선소(汾陽善昭, 947~1024)에게 참학하여 법을 이어받았다. 석상산(石霜山) 숭승사(崇勝寺)와 담주(潭州) 흥화사(興化寺)에서 머물렀다. 문중이 번창하여 황룡혜남(黃龍慧南, 1002~1069)과 양기방회(楊岐方會, 996~1046)를 배출하였다.

45 "옛날에 대우(大愚)·자명(慈明)·곡천(谷泉)·낭야(瑯琊)스님이 도반이 되어 분양스님을 참방하게 되었다. 그런데 하동 지방은 추위가 극심한지라 모두들 가려 하지 않았으나 자명스님만은 도에 뜻을 두어 아침저녁으로 게을리 하지 않았다. 밤에 좌선하다가 졸음이 오면 송곳으로 자신을 찌르며 이렇게 탄식하였다. '옛사람은 생사의 큰일을 위해서 먹지도 자지도 않았다던데, 나는 어떤 사람이기에 이토록 방종하여, 살아서는 시대에 도움이 못 되고 죽어서도 후세에 남길 이름이 없으리니, 이는 자신을 포기하는 것이다' 하고는 하루아침에 하직하고 되돌아가 버렸다. 그러자 분양스님은 '초원(楚圓)이 지금 떠나 버렸으니 나의 도가 동쪽으로 가겠구나' 하고 탄식하였다(昔大愚慈明谷泉瑯琊 結伴參汾陽 河東苦寒衆人憚之 惟慈明志在於道 曉夕不怠 夜坐欲睡引錐自刺 嘆曰 古人爲生死事大 不食不寢 我何人哉 而縱荒逸 生無益於時 死無聞於後 是自棄也 一旦辭歸 汾陽嘆曰 楚圓今去 吾道東矣)." 『선림보훈(禪林寶訓)』권4(T48-1035a).

46 뱃사공 덕성[船子德誠, ?~?]은 약산유엄(藥山惟儼, 751~834)의 법을 이었다. 수주(秀州) 화정(華亭)에서 배 한 척을 띄워 놓고 사람들을 건네주면서 인연 따라 설법하였으므로 이런 이름이 붙었다. 뒤에 협산선회(夾山善

會, 805~881)를 만나 법을 전하고는 스스로 배를 엎고 종적을 감추었다.

47 "조주스님에게 한 스님이 떠나겠다고 인사하니 스님은 이렇게 당부하셨다. '부처님이 계신 곳에도 머무르지 말고 부처님이 안 계신 곳은 얼른 지나가거라. 그렇게 해서 3천 리 밖에서 사람을 만나거든 이 소식을 잘못 들먹여서는 안 된다'(僧辭趙州和尚 趙州謂曰 有佛處不得住無佛處急走過 三千里外逢人莫擧)."『경덕전등록(景德傳燈錄)』권27(T51-437a).

48 수창원밀(壽昌元謐, 1579~1649)을 가리킨다. 명대(明代) 조동종 스님. 강서성 건창부 남성(南城) 출신. 어려서부터 부친을 따라 보방사(寶方寺)의 무명혜경(無明慧經)을 친견하고 21세 때 강서성 무주로 가서 금산 개(金山鎧)를 찾아 예배하고 출가하였다. 이듬해 다시 보방(寶方)으로 돌아가 무명혜경에게 참구하여 법을 잇고, 10년 동안 시봉하였다. 39세 때 무명이 입적하자 오대산(五臺山)으로 올라갔고, 다시 강소성 금릉 천계사(天界寺)의 각랑도성(覺浪道盛)을 만나 혜경의 입적과 부촉을 전함. 혜경이 머물던 수창사(壽昌寺)의 자리를 계승하여 20여 년간 그곳에서 머물렀다.

49 어리석은 자식이 전사한 아버지의 뼈를 찾기 위해 전쟁터에 가서, 버려진 말안장의 조각을 아버지의 아래턱뼈로 오인하여 가지고 왔다는 이야기이다. 많은 선종 문헌에서 흔하게 인용된다.

50 당대(唐代) 청원(靑原) 문하. 속성은 사(謝) 씨. 복건성 민현(閩縣) 출신. 25세(859) 때 어느 날 홀연히 발심하여 부용산(芙蓉山)의 영훈(靈訓)을 찾아가 출가하고 개원사(開元寺)의 도현(道玄) 율사에게서 구족계를 받았다. 31세(865) 때 영훈의 은사인 설봉의존(雪峰義存, 822~908)에게 참구하고 법을 이어받았다. 처음에는 보응산(普應山)에 머물렀다가, 뒤이어 현사원(玄沙院)에 머물렀다. 64세(898) 때에는 민왕(閩王) 왕심지(王審知)의 명에 따라 안국원(安國院)에 머물렀다. 문하로 나한계침(羅漢桂琛, 867~928), 국청사정(國淸師靜) 등이 있다.

51 『현사사비선사광록(玄沙師備禪師廣錄)』권2(X73-15b).

52 대혜종고(大慧宗杲)를 가리킨다. 남송대(南宋代) 임제종 양기파(楊岐派).

호는 묘희(妙喜) 또는 운문(雲門). 자는 담회(曇晦). 속성은 해(奚) 씨. 안휘성 선주(宣州) 영국(寧國) 출신. 13세에 향교에 들어가 유학을 배우고, 16세 때 동산(東山) 혜운사(慧雲寺)의 혜제(慧齊)에게 득도하였다. 이듬해 구족계를 받고 선적(禪籍)을 연구하였다. 보봉(寶峰)의 담당문준(湛堂文準, 1061~1115) 회하에서 참구하다가 1115년 문준이 자신의 입적이 다가오자 원오극근(圜悟克勤, 1063~1125)에게서 참구할 것을 권하였다. 청량덕홍(淸涼德洪, 1071~1128)을 찾아가 예를 올리고, 그곳에서 장상영(張商英)을 만났다. 1124년 원오가 천녕사(天寧寺)에 칙령을 받고 머물 때 회하에서 참구하여 깨달음을 얻고 법을 이었다. 1134년에 복건(福建)의 양서암(洋嶼庵)으로 가서 조동종의 묵조선을 공격하고 공안선을 고취하였다. 경산(徑山)의 능인선원(能仁禪院)에 머물며 선풍을 크게 날려 임제의현(臨濟義玄)의 재흥이라 일컬어졌으나 금과의 전란 와중에 누명을 쓰고 호남성 형주(衡州)로 유배되어 10년을 기거하면서 『정법안장(正法眼藏)』6권을 저술하였다. 그 후 사면되어 다시 경산에 머물며 황제의 귀의를 받고 대혜(大慧)선사라는 호를 받았다. 시호는 보각(普覺禪師)선사.

53 『대혜보각선사어록(大慧普覺禪師語錄)』권21(T47-899c).

제2장

옛 큰스님의 법문에 견해를 붙인 이야기

[評古德垂示警語]

01
쓸데없이 마음 쓰지 않다 / 조주

조주(趙州, 778~897)[1] 스님께서 말씀하셨다.

"30년 동안 잡되게 마음을 쓰지 않았다. 옷 입고 밥 먹을 때 빼고는. 이 두 때는 마음을 잡되게 쓴 것이다."[2]

나는 이렇게 평한다.

아예 마음을 쓰지 말라는 얘기가 아니라 마음을 잡되게 쓰지 말라는 뜻일 뿐이다. 마음을 한곳에만 쏟으면 무엇이고 안 될 일이 없다는 뜻이다.

02

참구에만 집중하라 / 조주

조주스님께서 말씀하셨다.

"그대들은 오직 도리를 참구하는 일만 하라. 20, 30년씩 참구하고도 깨닫는 바가 없다면 내 목을 잘라 가라."³

나는 이렇게 평한다.

조주스님은 그까짓 죽는 일이 뭐 그리 급했단 말인가? 그렇긴 하나 날이 갈수록 20년, 30년씩 다른 마음먹지 않고 오직 외길을 지키는 사람을 찾아보려도 정말 찾기 힘들다.

03

가산(家産)을 타파하는 소식 / 조주

조주스님께서 말씀하셨다.

"나는 18세에 가산(家産)을 타파하는 소식을 깨달았다.[4] 그때까지 나는 하루 24시간의 노예로 살아왔지만 지금은 하루 24시간을 맘껏 부리며 산다."[5]

나는 이렇게 평한다.

가산(家産)에다 살아나갈 계책을 세우다 보니 24시간의 노예가 되었지만, 가산을 깨어 버린 자는 24시간을 부릴 수 있다. 홀연히 어떤 스님이 와서 "무엇을 가산이라 합니까?" 하고 묻는다면, 나 박산은 이렇게 대답하리라.

"그 가죽주머니를 벗어 버리면(죽을 때) 그때 가서 말해 주마."

04

말 안 하는 이가 되어라 / 조주

조주스님께서 말씀하셨다.

"그대들이 만약 평생 총림(叢林)을 떠나지 않으면서 5년, 10년 동안 아무와도 말하지 않고, 또 아무도 그대들을 불러주는 이 없이 말 안 하는 이가 된다면, 그런 다음에야 부처님도 그대를 어찌 할 수가 없을 것이다."[6]

나는 이렇게 평한다.

말을 하지 않는다 함은 마음을 번거롭게 쓰지 않는다는 뜻이니, 가사를 입고 생사문제의 큰 도리를 참구하지 않는 납자는 위와 같은 경계와는 너무 멀리 떨어져 있는 사람들이다.

05

화두를 설명하는 일은 알음알이다 / 천태덕소

천태덕소(天台德韶, 891~972)[7] 국사께서 말씀하셨다.

"설사 폭포처럼 유창하게 대답과 설명을 쏟아놓는다 하더라도 이것은 단지 전도된 알음알이일 뿐이다. 만일 그런 것만을 중요하게 생각한다면 참선하는 일이 무엇이 어렵다고 하겠는가? 이러한 사람은 다른 납자에게 무익할 뿐 아니라 자기의 잘못을 남에게 거듭 팔아먹는 잘못을 저지르는 것이다."[8]

나는 이렇게 평한다.

지금 사람들은 겉핥기식으로만 공부하며 별일도 아닌 듯 법을 묻고 또 물으면서 불법(佛法)을 얘깃거리로나 여기고 있으니, 이런 태도는 공부에 무익할 뿐 아니라 많은 허물을 이룬다. 요즘은 쓸모없는 말들을 마음대로 지껄이고는 그것을 선(禪) 도리라 우겨대고 있으니, 앞서 소개한 국사의 말씀에 비추어 보면 낯이 두꺼운 사람들이다.

06

판단이나 암기 등은 다
알음알이에 속한다 / 천태덕소

●

국사께서 말씀하셨다.

"스님들이 이제껏 공부해 온 판단이나 문답, 암기 속에는 도리를 설명한 부분이 매우 많다. 그런데 어째서 의심이 끊어지지 않고, 옛 스님들의 방편을 들으면 본뜻은 깨닫지 못하고 그저 빈틈만 많고 실속은 적다고 여기는가?"[9]

나는 이렇게 평한다.

판단이나 암기 등은 모두 알음알이[緣慮]에 속하는 일이다. 그러니 생사의 뿌리가 끊어지지 않았는데 어떻게 옛사람의 뜻을 깨달을 수 있겠는가? 그래서 예로부터 이런 말이 있다.

"오묘한 말씀이 마음에 걸리면 도리어 알음알이의 소굴이 되고, 참된 도가 눈앞에 있는데도 말이나 모습[名相]으로 파악되는 경계라 여긴다."[10]

07

지식의 굴레를 벗고
그 자리에서 깨치라 / 천태덕소

국사께서 말씀하셨다.

"스님들은 바로 자기 선 자리에서 문득 깨치는 것이 상책이다. '이것이 무슨 도리인가?' 하는 화두를 들라. 얼마나 많은 법문들이 그대에게 의심거리가 되어 주는가? 그 의심을 풀려고 애써야 한다. 그래야 비로소 이제껏 공부랍시고 해왔던 일들이 생사(生死)의 근원이었으며, 5음과 18계 속에서 살길을 꾀한 바보 같은 짓이었음을 알게 된다.

그러므로 옛날 어떤 스님도 '지식의 굴레를 벗어나지 못하면 마치 물속에 어린 달과 같다'고 지적하셨던 것이다."[11]

나는 이렇게 평한다.

지식과 사고가 누군들 없겠는가마는 중요한 것은 여기에서 한 번 탈바꿈을 해야만 비로소 깨닫게 된다는 것이다. 만일 공부와 상응하지 못하면 수정궁(水晶宮) 속을 뚫고 나왔다 하더라도 끝내 깨달음과는 관계없게 된다. 옛 큰스님은 "알음알이가 마음속에 들어가게 되면 마치 기름에 밀가루 반죽이 들어간 듯 끝내 거기에서 나올 기약이 없다."고 하셨으니, 삼가지 않으면 안 된다.

08

무엇을 하든 다 나의 마음이라는
생각은 망상이다 / 소암

소암(紹巖, 898~971)¹² 스님께서 말씀하셨다.

"납자들이여, 오늘 임금께서 그대들을 초청하신 까닭은 오직 그대들의 마음 밝히는 일을 돕고자 해서이지 딴 뜻이 아니다. 여러분들은 자기 마음을 밝혔는가? 여러분은 이렇게 생각할지도 모른다.

'누군가와 대화하거나 말문을 닫고 묵언할 때, 또는 선지식을 찾아뵙거나 도반들과 토론할 때, 산수를 구경하거나 아예 보고 듣는 일들을 딱 끊었을 때, 이 모든 것이 나의 마음이다.'

그러나 이와 같은 견해는 모두 마귀나 도깨비가 달라붙은 것이니, 이를 두고 어찌 마음을 밝혔다고 할 수 있겠는가?"¹³

나는 이렇게 평한다.

말을 해도 틀리고, 침묵을 지켜도 틀리며, 경험을 통한 지식을 긍정해도 부정해도 다 틀린다. 그렇다면 어떻게 해야 도(道)를 깨달을 수 있겠는가?

오늘의 납자들이여, 법통(法統)을 어지럽히지 말아야 하느니라.

09

몸 바깥에 본래면목이 있다는
견해를 짓지 말라 / 소암

소암스님께서 말씀하셨다.

"이 육신의 망상 덩어리를 떠난 바깥에 해와 달, 그리고 허공을 포함하는 온 시방세계가 따로 있는데, 이것이 바로 본래면목이라고 생각하는 무리들이 있다. 그러나 이것 역시 외도(外道)의 견해일 뿐 마음을 밝힌 것은 아니다."[14]

나는 이렇게 평한다.

이런 사람을 '공(空)에 치우친 외도'라고 부르니, 어떻게 '몸과 마음이 하나여서 이 몸을 떠나서는 다른 아무것도 있을 수 없다'는 도리를 알 수 있겠는가? 지금의 납자들은 스스로 주재자가 된 이들을 만나보지 못해 공(空)만을 주장하는[偏空] 이런 외도의 견해에 떨어진 사람이 많다.

10

집착을 버리면 망상이 없어진다 / 소암

●

스님께서 계속해서 말씀하셨다.

"그리고 납자들이여, 알아듣겠는가? 마음에 옳다고 긍정하는 일이 없는 사람은 옳지 않다고 부정할 일도 없는 사람이다. 그대들이 집착하고 헤아리고 하는 한 어떻게 깨달을 수 있겠는가?"[15]

나는 이렇게 평한다.

앞에 거론된 옳다 아니다의 두 가지 병통은 '집착', 이 두 글자에 그 원인이 있다. 이것이 곧 처방이니, 시비를 따지는 집착만 없으면 이 병은 즉시 낫는다.

11

지식을 배움은 참선이 아니다 / 서록

서록(瑞鹿, 941~1008)[16] 선사께서 말씀하셨다.

"선문답을 하거나 그 뜻을 논리적으로 따지는 일, 또는 대어(代語)[17]나 별어(別語)[18] 등을 배우는 일을 가지고 참선한다고 할 수는 없다. 또한 경론에 나오는 그럴 듯한 이론이나 조사스님들의 파격적인 언어에 천착하는 일을 가지고 참선한다고 말할 수도 없다. 위에서 열거한 공부에 그대들이 비록 무애자재하게 통달했다 하더라도 불법(佛法) 중에 나름대로 어떤 경지를 체험하지 못했다면, 그런 이들을 '쓸데없는 지식만 좇는 무리'라고 부른다.

그대들은 들어보지도 못했는가. 똑똑함만 가지고는 생사문제와 대적할 수 없다는 말을! 바싹 마른 지혜[乾慧]로 어떻게 고통의 수레바퀴를 면할 수 있겠는가."[19]

나는 이렇게 평한다.

요즘 납자들은 모두 위와 비슷한 사람들이니 이른바 '진짜 금은 내던지고 기와조각을 줍는 사람'이다. 진실되게 참구하진 않고 입으로만 삼매를 나불거리니 마치 향엄지한(香嚴智閑, ?~898)[20] 스님의 예와 같다. 하나를 물어보면 열을 대답하고 열을 물으면 백을 대답하였으니, 어떻게 불법에 통달치 못했다고 할 수 있겠는가?

그러나 불법에서 직접 체험한 경지가 없었으니 '부모미생전(父母未生前) 소식'에 대해서는 어찌 해보지 못하였다. 자, 말재주를 배우는 무리들은 한번 말해 보아라! 그렇게 공부하여 과연 어떤 일들을 건지려 하는가?

12

진실되게 참구하라 / 서록

서록선사께서 말씀하셨다.

"참구를 하려거든 모름지기 진실되게 참구해야 비로소 깨달음을 얻게 된다. 길을 갈 때에는 길 가는 대로 참구하고, 서 있을 때는 서 있는 대로 참구해야 한다. 앉거나 잠잘 때, 또는 대화하거나 묵언하거나 다른 어떤 일을 할 때도 마찬가지다. 이미 이러저러한 모든 때에 참구하게 되거든, 이제는 자신에게 물어보아라. 지금 참구하고 있는 사람은 도대체 누구이며, 또한 참구하고 있는 내용은 무엇인가를. 이쯤 되면 모름지기 스스로 명백하게 보는 바가 있어서 비로소 깨달음의 경지를 얻게 된다.

만약 이렇게 하지 않으면 '작심삼일의 무리'라고 부르니, 깨닫겠다는 뜻이 원래 없었던 사람들이다."[21]

나는 이렇게 평한다.

중요한 것은 내가 참구하는 이 도리가 대체 무슨 도리이며 참구하는 이 사람은 또 누구인가를 절실하게 참구하는 일이다. 이 도리와 이 사람을 참구해 알아내지 못하면 그저 허송세월하는 것일 뿐 참선한다고 할 수는 없다.

13

○

위급한 상황에서 살 길을 찾듯 하라 / 파초

●

파초(芭蕉)²² 스님께서 말씀하셨다.

"어떤 사람이 길을 가다가 앞에는 만 길 낭떠러지이고 뒤에서는 산불이 타 들어오며 양옆은 가시덤불인 상황을 만났다고 하자. 앞으로 나아가자니 낭떠러지로 떨어지겠고, 되돌아가자니 타 죽겠고, 옆으로 몸을 돌리자니 가시덤불에 찔리게 되어 있다. 여기서 어떻게 하면 헤쳐 나갈 수가 있을까? 만약 빠져나갈 수가 있다면 살길이 열리겠지만, 빠져나가지 못하면 꼼짝없이 죽는 상황이다."²³

나는 이렇게 평한다.

다만 위태롭다느니 죽는다느니 하는 생각을 내지 말아야 비로소 살 길이 하나 트인다. 그러니 조금이라도 '어떻게 할까?' 하고 생각을 짜냈다가는 그 자리에서 목숨을 잃어버린다.

파초스님의 이 말씀은 공부에 가장 긴요하다. 그런데 납자들이 흔히 지식을 찾다가 심오한 이론 속에 도가 있다는 착각에 빠져들어서 이와 같은 철저한 참구에는 마음을 두지 않으니 일생을 헛되이 보낸다고 하겠다.

14

선문답으로는 도를 믿지 못한다 / 운문

운문(雲門, 864~949)²⁴ 스님께서 말씀하셨다.
"이런 식으로 거짓공부를 하는 사람들이 있다. 말하자면 남의 이론이나 배우고 한 무더기 닳아빠진 옛말이나 주워 챙겨 기억했다가 가는 곳마다 꿀사납게 떠들어대면서, 나는 선문답을 다섯 번이고 열 번이고 이해했노라 과시하고 다니는 이들이다. 그러나 그들이 아침부터 저녁까지 문답을 하고 이런 식으로 겁(劫)을 지나도록 논해 보았자 꿈속엔들 도를 볼 수 있겠는가?"²⁵

나는 이렇게 평한다.
운문스님이 그 당시 대놓고 꾸짖은 사람은 열에 하나 둘뿐이었다. 그러나 지금은 너 나 할 것 없이 다 그렇다. 이런 사람이 언제 한번 피부에 닿듯이 절실하게 참구해 보았겠는가. 설혹 꼼짝 않고 좌선하고 있을 때라도 마음이 혼침(昏沈)하지 않으면 산란(散亂)한 상태이다. 이것은 아마도 그 뱃속에 들어 있는 잡소리가 토해도 나오지 않고 칼로 베어도 끊어지지 않기 때문일 것이다.

그러나 영리한 납자라면 운문스님께서 거론한 이런 말씀을 듣는 순간 매우 부끄러운 마음이 들 것이니, 그래야만 비로소 되었다고 할 만하다.

15

안이한 마음을 먹지 말라 / 운문

운문스님께서 대중에게 설법하셨다.

"여러분들은 절대로 안이하게 시간을 보내지 말고 매우 빈틈없이 공부해야 한다. 옛 스님들은 마음속에 번거로움이 뒤엉킬 때, 설봉(雪峰, 822~908)[26]스님께서 '온 누리가 전부 내 몸이다'[27] 하신 말씀과 협산(夾山, 805~881)[28]스님께서 '온갖 것에서 나를 찾아내고 시끄러운 저자거리에서 천자를 찾아내 보라'[29] 하신 말씀을 오로지 생각하셨다. 또한 낙포(洛浦, 834~898)[30]스님께서 '티끌 하나가 일자마자 온 누리를 그 속에 거두어들이고, 하나의 털끝에 사자의 온몸을 받아들인다'는 말씀만을 생각하셨다. 그러므로 그대들은 위의 모든 말씀을 철저하게 깊이 생각하라. 세월이 오래 가면 자연히 깨닫게 되는 점이 있을 것이다."[31]

나는 이렇게 평한다.

위의 세 분 스님께서 하신 말씀은 그대들을 도에 들어가도록 이끄는 말씀이니, 중요한 것은 그대들 자신이 깨달으려 하는가 하는 문제이다. 그런 의지가 없다면 도깨비굴 속에서 살아날 꾀를 내보는 꼴이다. 그대들이 만일 도에 들어간다면, 자연히 마음이 가라앉고 조용해져서 산하대지(山河大地)가 있는 줄도 보지 못하고 자기 자신이 있는 줄도 알지 못하게 된다. 자, 이제는 찾아보느냐 찾지 않느냐 이 두 갈래 길뿐이다.

16

법신에 대한 두 가지 병통 / 운문

운문스님께서 말씀하셨다.

"빛이 통과하지 못하는 데는 두 가지의 병통이 있기 때문이다. 사방이 깜깜한데 앞에 무엇인가가 있는 경우와 모든 것이 공(空)임을 철저히 알고도 암암리에 어떤 것이 있는 듯하다[似有]고 보는 경우가 다 그 원인이다.

또한 법신(法身)에도 두 가지의 병통이 있다. 하나는 법신을 깨달고서 법집(法執)을 떨어 버리지 못해 법신을 깨달았다는 견해가 남아 법신 쪽에 눌러앉는 경우이다. 한편 법신을 깨달고서 그것을 놓아버려서도 안 되니 자세히 검토해 보면 아무 기미가 없다 해도 병통이 되는 것이다."[32]

나는 이렇게 평한다.

이 병은 오로지 알음알이에서 살 길을 꾀하기 때문에 생기는 것이다. 앉은 그 자리에서 한 번도 번뇌망상을 끊어 본 적이 없고, 오음신을 훌쩍 벗어나 본 적도 없으며, 자유롭게 몸을 움직여 숨을 토해낸 적도 없으니 만일 이런 상황에서 또 다른 망념이 생겨나면 마(魔)가 되어서 괴이한 짓거리를 하는 경우가 있을 것이다.

17

지혜와 근기가 뛰어나야 한다 / 현사

●

현사(玄沙, 835~908)스님께서 말씀하셨다.

"반야(般若)를 배우려는 모든 보살은 공부할 만한 근기(根機)와 지혜가 뛰어나야만 한다. 만일 지혜가 있다면 당장에라도 이곳(번뇌의 사바세계)에서 벗어날 수 있을 것이다."[33]

나는 이렇게 평한다.

근기가 뛰어나다 함은, 한 가지를 들으면 천 가지를 알아듣고 무량한 법문[大總持]을 깨치는 이를 말한다. 앞서 '벗어난다'는 말은 처음부터 방편으로 하신 것이다. 무슨 까닭인가? 본래부터 얽매여 본 적이 없기 때문이다.

18

둔한 근기는 절실하게 노력하라 / 현사

●

현사스님께서 말씀하셨다.

"근기가 둔한 사람이라면 밤낮으로 애써 공부하며 고단함도 잠자는 것도 먹는 것도 잊어야 하니, 마치 부모 상(喪)이라도 당한 듯해야 한다. 이렇게 다급하고 절실하게 일생을 공부하다가 보면 문득 선지식의 도움을 받을 날이 있을 것이다. 이토록 뼈를 깎는 노력으로 참구해야 무엇인가가 구체적으로 되어 나가는데, 하물며 지금 같아서야 누가 이러한 공부를 감당해낼 수 있겠는가."[34]

나는 이렇게 평한다.

온 누리 사람이 다 이 공부를 감당해 낼 수가 있다. 오직 무지(無知)하고 신근(信根)을 갖추지 않은 사람을 빼고는.

설사 석가모니 부처님이 빛을 놓아 대지를 뒤흔드는 위엄을 보이신다 하더라도 그런 사람을 어찌 하겠는가.

19

남의 말을 외우려 하지 말라 / 현사

●

현사스님께서 말씀하셨다.

"납자들은 그저 말만 외우는 데 힘써서는 안 된다. 마치 다라니를 외는 듯한 모습으로 왔던 길을 되밟으며 입 속으로 어린아이 소리 같은 것을 중얼거리다가 어떤 사람에게 붙잡혀서 질문이라도 받게 되면 꼼짝없이 피할 곳이 없다. 그러면 벌컥 성을 내면서, '그대는 나더러 지금 선문답을 하라는 말인가?'라고 하니, 이런 사람에게는 공부하는 일이 매우 고통스러울 뿐이다. 알겠느냐!"[35]

나는 이렇게 평한다.

남의 말이나 외우는 일을 '잡독(雜毒)이 마음속으로 들어갔다'고 하니, 그것이 바른 견해를 막기 때문이다. 보통 세간에서 글 읽는다 하는 사람도 글 자체를 외우는 경우는 많으나, 내용을 소화해 내지는 못하고 있다. 그런데 하물며 출세간법을 참구하려는 납자가 남이 흘린 침이나 받아먹어서야 되겠는가.

20

거짓 몸짓으로
법을 보여주는 잘못 / 현사

현사스님께서 말씀하셨다.

"선상(禪床)에 앉아 있으면서 선지식(善知識)이라 불리는 어떤 화상(和尙)들이 있다. 그런데 이들에게 법을 물으면, 몸을 흔들고 손을 움직이며 눈을 깜박거리고 혓바닥을 내밀며 눈을 동그랗게 뜨고 사람을 쏘아보곤 한다."[36]

나는 이렇게 평한다.

이런 무리들은 온몸이 마(魔)이며 온몸 그대로가 병통이니, 죽을 때까지도 시끄러운 속세를 벗어나지 못할 것이다.

21

오온신 속에 소소영영한 주인공이 있다는 망상 / 현사

●

현사스님께서 말씀하셨다.

"또렷하고도 신령스런[昭昭靈靈] 마음바탕[靈智]이 있어서, 보고 듣고 하면서 오온의 육신[五蘊身] 속에서 주인공이 된다고 말하는 사람이 있다. 그러나 이런 식으로 선지식이 된 이는 크게 사람을 속이는 것이다. 그 까닭을 알겠는가? 그대들에게 물어보겠다.

만일 또렷하고도 신령스런 마음바탕이 그대의 진면목이라고 생각한다면 어찌하여 잠이 든 상태에서는 그 또렷하고 신령스런 상태가 안 되는가? 잠이 든 상태에서 또렷하고 신령하지 못하다면 어째서 깨어 있을 때에서야 다시 알아보는가? 이런 것을 '도적을 아들인 줄 안다'고 한다. 이는 생사의 근원이니 망상이 인연이 되어 생긴 상태이다."[37]

나는 이렇게 평한다.

이는 정신을 농락하는 인간들이다. 깜박 잠이 든 상태에서 주인공이 될 수 없다면 죽는 마당에 가서 어떻게 자재안락한 경지를 얻을 수 있단 말인가?

이런 사람은 일생 동안 소란만 피우다 갈 뿐이니, 어찌 다른 사람만 웃겨줄 뿐이겠는가. 스스로도 웃을 일이다.

22

오온신에서 주인공을
찾고자 한다면 / 현사

현사스님께서 말씀하셨다.

"그대들이 오온(五蘊)으로 된 이 몸에서 주인공을 찾고자 한다면 자신의 비밀금강체(祕密金剛體)[38]를 알아내기만 하면 된다. 옛스님도 그대들에게 '원만하게 성취된 정변지(正遍知)가 모래알같이 수많은 세상에 두루 깔려 있다'고 하실 것이다."[39]

나는 이렇게 평한다.

비밀금강체가 바로 원만하게 성취된 정변지이니, 이것이 모래알같이 수많은 세계에 두루 깔려 있다. 그대들에게 분명히 말하건대, 모름지기 온몸으로 부딪쳐 들어가야 비로소 얻을 수 있다.

23

고정된 방법은 불도가 아니다 / 현사

●

현사스님께서 말씀하셨다.

"불도(佛道)는 탁 트여 있어서 정해진 길이 없으니, 아무 방법도 쓰지 않아야 해탈에 이르는 방편이며 어떠한 마음도 내지 않아야 도인의 마음이다. 또한 불법은 과거 현재 미래라는 시간 속에 있지 않으므로 흥망성쇠가 없다. 그러므로 어떤 것이라도 세웠다 하면 진(眞)에 어긋나니, 인위조작에 속하는 법이 아니기 때문이다."[40]

나는 이렇게 평한다.

만약 이 뜻을 깨달을 수 있다면 실오라기만한 노력도 들이지 않고 선 자리에서 곧 부처가 된다. 아니, 부처가 된다는 이 말에서 '된다'는 것조차 오히려 군더더기다.

24

동(動)이나 정(靜)에 치우치지 말라 / 현사

●

현사스님께서 말씀하셨다.

"움직이면 생사의 본원이 일어나게 되고, 조용하면 혼침(昏沈)한 경계에 빠져들게 된다. 그렇다고 동(動)과 정(靜)을 모두 쓸어 없애면 단견[空無]에 떨어지며 두 가지를 다 받아들이면 얼굴만 훤칠한 알맹이 없는 불성(佛性)이 되리라."[41]

나는 이렇게 평한다.

납자들이 흔히 움직이는 것을 싫어하고 조용한 것을 좋아하나, 조용함이 오래되면 다시 움직일 것을 생각하게 된다. 반드시 눈썹을 치켜세우고 동정(動靜)의 틀을 깨 버려야만 비로소 도인의 공부가 되는 것이다.

25

무심과 중도의 수행 / 현사

현사스님께서 말씀하셨다.

"바깥의 티끌 경계를 마주해서는 죽은 나무나 꺼진 재처럼 되었다가 마음을 써야 할 때 가서는 중도(中道)를 잃지 말아야 한다. 거울이 모든 물체를 비추지만 빛을 어지럽히지 않고, 새가 공중을 날면서도 하늘 바탕을 더럽히지 않는 것처럼."[42]

나는 이렇게 평한다.

'죽은 나무나 꺼진 재처럼 하라' 함은 무심(無心)하라는 말이고, '중도를 잃지 말라' 함은 사물에 응하는 태도를 말하는 것이다. 그러니 어찌 아무 감각 없이 꺼진 재처럼 되어 버린 사람과 같은 수준으로 평가할 수 있겠는가.

'빛을 어지럽히지 않는다'거나 '하늘 바탕을 더럽히지 않는다'고 한 것은, '바깥 경계는 경계일 뿐이니 그것이 나를 어쩌겠는가'[43] 하는 의미에서 한 말이다.

26

팔만의 문에 생사 끊겼다 / 현사

현사스님께서 말씀하셨다.

"시방(十方) 어디에도 그림자가 없고 삼계(三界)에도 자취가 끊어졌으며, 오고 가는 인연 속에 떨어지지도 않고 중간에도 머무를 뜻이 없다는 의미는 무엇인가? 이 가운데 실오라기만큼이라도 미진한 부분이 있으면 마왕의 권속이 될 것이다. 이 구절의 속뜻은 납자들이 알기 어려운 경지이니, 이것이 곧 '이 한 구절이 하늘에 닿으니 팔만의 문(門)에 생사가 뚝 끊겼다' 하는 소식이다."[44]

나는 이렇게 평한다.

여기에서 중요한 대목은 '이 한 구절이 하늘에 닿으니 팔만의 문(門)에 생사가 뚝 끊겼다' 하는 부분이다. 시방세계 어디에고 실오라기만한 빈틈과 이지러진 곳이 없고, 터럭만한 그림자와 자취도 없으니 과연 찬란한 빛으로 살아 움직이는 경지라 하겠다. 그러니 불조(佛祖)니 중생이니 할 것 없는 자리에 생사란 또 웬 말인가?

27

분명한 경계라 해도
그것은 생사심이다 / 현사

현사스님께서 말씀하셨다.

"가령 가을 물에 비친 달그림자처럼, 고요한 밤에 들리는 종소리처럼, 치는 대로 틀림없이 들리고 물결 따라 흔들리며 흩어지지 않는 경지에 들었다 하자. 그러나 그것은 아직도 이곳 생사 언덕에서 일어나는 일이다."[45]

나는 이렇게 평한다.

참선하는 사람들이 만일 이러한 경지에 이르지 못했다면, 아니 도달했다 하더라도 이는 아직 생사 쪽의 일이니 반드시 스스로 살 길을 찾아내야 비로소 되었다 하리라.

28

꼿꼿한 마음가짐으로
수행하라 / 현사

현사스님께서 말씀하셨다.

"불로 얼음을 녹여 다시는 얼음이 되지 않고, 화살이 한 번 시위를 떠났으면 다시는 돌아오지 못하는 형편처럼, 수행자라면 이렇게 처신해야 한다. 이것이 편안한 곳에 가두어 두어도 머무르려 하지 않고, 누가 불러도 돌아보지 않는 이유이다. 성인은 어디에도 안주하지 않았으므로 지금까지 일정한 처소가 없느니라."[46]

나는 이렇게 평한다.

수행자의 마음가짐은 마땅히 이래야 한다. 이 말씀을 자세히 연구하여 몸에 익히기만 하면 뒷날 저절로 깨닫게 되고 물들거나 끄달릴 일은 조금도 없을 것이다. 그런데 만일 알음알이[識心]를 일으켜 그곳에 쏠리면 이른바 '발심[因地]부터 진실되지 못하여 잘못된 결과를 초래한다'[47]는 경우가 되고 만다.

29

함부로 세상일에
간여하지 말라 / 현사

●

현사스님께서 말씀하셨다.
"요즘 사람들은 이 도리를 깨닫지 못하고서 함부로 세상일에 뛰어든다. 그리하여 가는 곳마다 물들고 하는 일마다 얽매인다. 그런 사람은 도를 깨달았다 해도 바깥 경계를 만나면 금세 분주해지니, 깨달았다고 하는 것이 유명무실할 뿐이다."[48]

나는 이렇게 평한다.
가는 곳마다 물들고, 하는 일마다 매이는 이유는 참구하는 마음이 절실하지 못하여 명근(命根)을 끊지 못하고 죽지 않으려고 버둥대기 때문이다. 진정한 납자는 마치 독벌레가 지난 마을처럼 물 한 방울도 적실 수 없을 만큼 되어야 비로소 철저하게 깨닫는다.

30

억지로 망념을 다스려
공무(空無)에 떨어지는 병통 / 현사

현사스님께서 말씀하셨다.

"이런 식으로 수행하는 사람들이 있다. 마음[心念]을 단단히 검속하여 모든 현상[事]을 싸잡아 공(空)으로 귀결시키고, 눈을 딱 감고서 겨우 망념이 일어날라치면 갖은 방법으로 부숴 없애고, 미세한 생각이 일자마자 곧 억눌러 버린다. 그러나 이러한 사람은 단견(斷見)에 빠진 외도[空無外道]로서 죽어서 구천에 머무르지도 않고 환생하지도 못하는 혼이라, 깜깜하고 아득하여 아무런 느낌이나 인식이 없다. 이는 마치 자기 귀를 틀어막고 남도 못 듣겠거니 하면서 방울 달린 말[馬]을 훔친다는 이야기[49]와 같으니 부질없이 자기를 속일 뿐이다."[50]

나는 이렇게 평한다.
이러한 사람의 병통은 의심을 일으키지 않고 공안을 참구하지도 않으며, 온몸으로 깨달아 보겠다는 의지 없이 그저 알음알이로 망념만을 다스리려 하는 데 그 원인이 있다. 설사 이런 사람은 맑고 고요한 경지에 이르렀다 해도 사실은 명근(命根)까지는 끊지 못하였으니 결국 참선하는 납자라고 할 수는 없다.

31

생사애증에 미련을 두지 말라 / 현사

현사스님께서 말씀하셨다.

"그대들은 오직 생사애증(生死愛憎)의 그물에 길이 미련을 두지 말아야 하니 그렇게 되면 선악의 업장에 끄달려 자유가 없는 형편이 되고 만다. 이렇게 되었을 때 설사 그대들이 몸과 마음을 허공처럼 닦을 수 있고, 또한 마음[精明]이 맑아서 흔들리지 않는 경지를 이루었다 하더라도 그것은 알음알이[識陰]를 벗어나지 못한 경계이다.

옛사람은 이것을 두고 '급류가 거침없이 흐르는데도 알지 못하고 허망하게도 고요하게 여기는 경계'라고 말하고 있다."[51]

나는 이렇게 평한다.

식심(識心)이 끊어지지 않았으면 비록 심신을 허공처럼 닦는다 하더라도 악업(惡業)에 끌려간다.

또한 마음이 맑아 흔들리지 않는다고 한 경지가 바로 알음알이의 경계이니 어떻게 생사를 벗어날 수 있겠는가. 간추려 말하자면, 큰 도리를 참구해서 깨치지 못했으면 다 허망하다는 뜻이다.

32

도안(道眼)을 갖추기 전에는
윤회를 벗지 못한다 / 현사

●

현사스님께서 말씀하셨다.

"어떤 수행을 하더라도 모두 또 다른 윤회를 낳게 하여 여전히 윤회를 떠날 수 없게 한다. 그러므로 '제행무상(諸行無常)'[52]을 설하신 것이다. 그러니 삼승(三乘)의 노력[功果]이 실로 엄청난 줄은 알겠으나 도를 볼 수 있는 안목이 없다면 완전히 깨달았다고 할 수는 없다."[53]

나는 이렇게 평한다.

위의 몇 줄 법어의 내용을 검토해 보자면, 모두 완전히 깨닫지 못한 경지에 대한 설명이다. 성문·연각·보살의 지위에 있는 사람이 비록 6바라밀과 온갖 수행을 다 한다 해도 이것은 모두 생멸법(生滅法)이다. 이들은 실제 도리(道理)에서는, 애석하지만 아무 관계 없는 것이다.

33
쉬라고만 가르치는 외도 / 경산

경산(徑山, 1088~1163)[54] 스님께서 말씀하셨다.
"요즘 이런 외도(外道)가 있다. 즉 자기 안목은 밝지 않으면서 사람들을 죽은 갈단(獦狚)[55]처럼 '쉬라'고 가르친다. 그러나 이런 식으로 쉰[休歇]다면 천불(千佛)이 세상에 다시 나온다 하더라도 제대로 쉬지 못하고 도리어 마음은 더욱 번민에 싸일 뿐이다."[56]

나는 이렇게 평한다.
의정(疑情)을 일으키려 하지 않으면 명근(命根)이 끊어지지 않으니, 명근(命根)이 끊어지지 않았다면 쉬어 보았자 되지도 않는다. 이 쉰다[休歇]는 말이 바로 생사의 근본이니, 비록 백천 겁을 지난다 해도 끝내 깨달을 기약이 없을 것이다.

34

주관이 객관을 관조하는 망념 / 경산

경산스님께서 말씀하셨다.

"어떠한 연(緣)을 만나든지 주인공을 잃지 말며 생각[情]을 잊고 묵묵히 관조(觀照)하라고 가르치는 부류가 있다. 그러나 이런 식으로 해 나가다 보면 그 결과는 마음속에 번민만 더해 갈 뿐 끝마칠 기약은 없다."[57]

나는 이렇게 평한다.

이미 잃지 않으려는 마음과 비추어 보려는 대상이 있다면 주관[能]과 객관[所]이 대립한 것이니 망념이 아니고 무엇인가. 만약 망념을 가지고 참구한다면 문득 자기 마음에서 자재할 수가 없게 된다. 오직 제자리에서 생사를 끊어버려 주관과 객관이 일지 않게 해야 마음속에 꽉 막혔던 응어리가 물통 밑바닥이 빠져나가듯 쑥 빠질 것이다.

35

고요함과 상대되는
또렷함은 참구가 아니다 / 경산

경산스님께서 말씀하셨다.

"이 일에 너무 얽매이지 말고 그저 다만 쉬어라. 이렇게 쉬어질 수 있으면 미혹한 생각[情念]이 일어나지 않게 된다. 이때 도달한 경지는 깜깜하게 인식작용이 없는 것이 아니고 또렷하게 깨어 있는 경지라고 납자들을 지도하는 무리가 있다.

이런 사람들은 납자들에게 독(毒)을 주고 그들의 눈을 애꾸로 만들어 버리는 것이니 참으로 큰일 날 일이다."[58]

나는 이렇게 평한다.

비록 또렷하게 깨어 있는 경지에 도달했다 해도 그것은 고요함[寂寂]과 상대되는 상태일 뿐 참구는 아니다. 만약 참구를 하려면 바로 생사대사를 파헤쳐 밝혀내고자 해야 하는데 이미 그렇지 못하니, 해가 되고 독이 되지 않겠는가.

36

생사심을 타파하라 / 경산

경산스님께서 말씀하셨다.

"오래 참구했거나 먼저 깨쳤거나를 막론하고 참으로 고요한 경지에 도달하려면 생사심을 깨뜨려서 집착하지 말아야 한다. 참선하는 데는 생사심이 깨지면 저절로 고요해진다."[59]

나는 이렇게 평한다.

의정(疑情)이 일어나면 그것이 뭉쳐서 한곳에 엉켜 있게 되고, 그 의정이 깨지고 나면 생사심도 깨진다. 이런 자리에서는 요동하는 모습[動相]을 찾으려야 정말로 찾지 못한다.

주
:

1 당대(唐代) 스님. 속성은 학(郝) 씨. 어린 시절에 출가, 남전보원(南泉普願, 748~834)에게 참학하여 깨달은 다음, 계를 받고 남전에게 귀의하였다. 여러 곳을 유력하다가 나이 80이 되어서야 조주성(趙州城) 동쪽 관음원(觀音院)에 머물면서 40년 동안 선풍을 드날렸다. 시호는 진제(眞際)대사. 어록인 『조주록(趙州錄)』이 선가에서 널리 참구되고 있다.
2 『선관책진(禪關策進)』 권1(T48-1098b). 문헌에 따라서 20년으로 하거나, 30년으로 하거나, 40년으로 하기도 한다.
3 『경덕전등록(景德傳燈錄)』 권28(T51-446b).
4 『벽암록(碧巖錄)』 권8 제80칙 "급한 물살 위로 공을 쳐서[急水上打毬]"(T48-206c).
5 『고존숙어록(古尊宿語錄)』 권13(X68-78a).
6 『오등회원(五燈會元)』 권4(X80-94b).
7 당말(唐末) 송초(宋初) 법안종 스님. 속성은 진(陳) 씨. 천주(泉州) 출신. 17세에 출가하여 18세에 구족계를 받고, 50여 선사들에게 참구한 다음 법안문익(法眼文益, 885~958)의 법을 이어받았다. 천태산(天台山)에 들어가서 지자(智者, 538~597)대사의 도량 수십 곳을 부흥하였다.
8 『경덕전등록(景德傳燈錄)』 권25(T51-408a).
9 『경덕전등록(景德傳燈錄)』 권25(T51-408a).
10 『경덕전등록』 권24에 나한계침(羅漢桂琛, 867~928)의 법문으로 소개되어 있다.(T51-398c).
11 『경덕전등록(景德傳燈錄)』 권25(T51-408b).
12 속성은 유(劉) 씨, 옹주(雍州) 사람이다. 7세(905) 때 고안(高安)선사에게 출가하여 18세(916) 때 회휘(懷暉)율사에게 구족계를 받았다. 항주(杭州) 진신보탑사(眞身寶塔寺)에 머물렀다. 오월(吳越)의 왕이 선사께 법문 열기를 청하고 요공대지상조선사(了空大智常照禪師)라는 법호를 내렸다.

13 『경덕전등록(景德傳燈錄)』권25(T51-415b).

14 『경덕전등록(景德傳燈錄)』권25(T51-415c).

15 『경덕전등록(景德傳燈錄)』권25(T51-415c).

16 법명은 본선(本先)이다. 온주(溫州) 영가(永嘉) 출신이며, 속성은 정(鄭)씨이다. 어려서 고향의 집경원(集慶院)에 출가하여 천태 국청사에서 수계하고 천태덕소(天台德韶) 국사에게 법을 이었다.

17 선사가 학인 대중에게 질문하고, 그 답을 선사 스스로가 대신해서 답하는 것이거나, 과거의 선문답에서 남이 대답하지 못한 말을 대신 대답하는 것.

18 이미 제시된 문답 등과 다른 측면에서 그 문답에 대하여 자기의 견해로써 평하는 것.

19 『경덕전등록(景德傳燈錄)』권26(T51-426b).

20 당대(唐代) 스님. 어린 시절에 백장회해(百丈懷海, 749~814) 선사에게 출가하고, 위산영우(潙山靈祐, 771~853)에게 참학하였다. 남양(南陽) 무당산(武當山)에 있는 남양혜충(南陽慧忠, ?~775) 국사의 도량에서 은거하던 어느 날, 뜰을 청소하다가 돌이 대나무에 부딪치는 소리를 듣고 홀연히 깨달아 위산의 법을 이어받았다. 그 후 향엄산(香嚴山)에 머물면서 위산의 선풍을 널리 선양하였다. 시호는 습등(襲燈)대사.

21 『경덕전등록(景德傳燈錄)』권26(T51-426b).

22 파초혜청(芭蕉慧淸, ?~?)을 가리킨다. 앙산(仰山) 문하의 백제 스님이다. 남탑광용(南塔光涌, 850~938)의 제자로서 영주(郢州) 파초산(芭蕉山)에 머물렀다.

23 『오등회원(五燈會元)』권9(X80-194c).

24 운문문언(雲門文偃). 당말(唐末) 5대(五代) 운문종 스님. 속성은 장(張) 씨. 절강성 가흥(嘉興) 출신. 어려서부터 출가에 뜻을 두어 가흥 공왕사(空王寺)의 지징(志澄)선사에게 수학하고 17세에 출가, 20세에 강소성 비릉(毘陵)의 계단(戒壇)에서 구족계를 받고, 다시 지징 문하로 돌아가 『사분율』등을 배웠다. 그 후 황벽희운(黃檗希運, ?~850)의 법을 이은 목주도명

(睦州道明)에게서 참구하고, 다시 설봉의존(雪峰義存, 822~908)에게 참구하여 법을 이어받았다. 운문산에서 30여 년을 머물렀다. 대자운광성광명(大慈雲匡聖宏明) 대사라는 시호가 내렸다.

25 『운문광진선사광록(雲門匡眞禪師廣錄)』 권1(T47-547a).

26 설봉의존(雪峰義存). 당대(唐代) 스님. 속성은 증(曾) 씨. 복건성 천주(泉州) 남안(南安) 출신. 12세 때 부친과 함께 복건성 옥간사(玉澗寺)의 경현(慶玄)율사를 알현하고 사미가 되어 17세에 삭발하고 법휘를 의존(義存)이라 하였다. 24세에 회창(會昌)의 파불(破佛)을 만나, 속복을 입고 부용영훈(芙蓉靈訓)에게서 참구하였다. 그 후 동산양개(洞山良价, 807~869)의 회하에 있다가 덕산선감(德山宣鑑, 782~865)에게서 참구하고 법을 이었다. 황제에게 진각(眞覺)대사라는 호와 자의(紫衣)를 받았다. 문하에 현사사비(玄沙師備), 장경혜릉(長慶慧稜), 고산신안(鼓山神晏), 운문문언(雲門文偃), 보복종전(保福從展) 등 많은 선승이 있고, 강남 지역을 중심으로 독특한 선풍을 고취하였다.

27 『운문광진선사광록(雲門匡眞禪師廣錄)』 권2 "擧雪峰云 盡大地是爾將謂別更有"(T47-558b).

28 협산선회(夾山善會). 당대(唐代) 스님. 성은 요(廖) 씨. 광주(廣州) 출신. 어려서 호남성 담주(潭州) 용아산(龍牙山)으로 출가하여 선자덕성(船子德誠)의 법을 이어받고는 예주(澧州) 석문현(石門縣) 협산(夾山)에 영천원(靈泉院)을 개산하여 제1세가 되었다. 시호는 전명(傳明)대사.

29 『오등회원(五燈會元)』 권5「예주협산선회선사(澧州夾山善會禪師)」"上堂 百草頭薦取老僧 鬧市裏識取天子"(X80-121b).

30 낙보원안(樂普元安). 당대(唐代) 스님. 낙보산(洛浦山)은 낙보산(樂普山)이라고도 한다. 속성은 담(淡) 씨. 섬서성 봉상현(鳳翔縣) 출신. 20세에 출가하여 고향의 회은사(懷恩寺) 우(祐)율사에게 구족계를 받았다. 후에 취미무학(翠微無學)과 임제의현(臨濟義玄, ?~867)에게 도를 묻고, 협산선회(夾山善會)에게서 깨달음을 얻었다. 호남성의 낙포(洛浦, 樂普)와 낭주(朗州)의 소계(蘇谿)에 머물면서 제자들을 지도하였다.

31 『오등회원(五燈會元)』 권15(X80-304c).
32 『운문광진선사광록(雲門匡眞禪師廣錄)』 권2(T47-558a) ; 『종용록(從容錄)』 권1 제11칙 "운문의 두 가지 병[雲門兩病]"(T48-233c~234a).
33 『현사사비선사어록(玄沙師備禪師語錄)』 권1(X73-30b).
34 『현사사비선사어록(玄沙師備禪師語錄)』 권1(X73-30bc).
35 『현사사비선사어록(玄沙師備禪師語錄)』 권1(X73-30c).
36 『현사사비선사어록(玄沙師備禪師語錄)』 권1(X73-30c).
37 『현사사비선사어록(玄沙師備禪師語錄)』 권1(X73-30c).
38 스스로 깨칠 수 있는 대원경지(大圓鏡智)를 갖춘 몸.
39 『현사사비선사어록(玄沙師備禪師語錄)』 권1(X73-30c).
40 『현사사비선사어록(玄沙師備禪師語錄)』 권1(X73-29c).
41 『현사사비선사어록(玄沙師備禪師語錄)』 권1(X73-29c).
42 『현사사비선사어록(玄沙師備禪師語錄)』 권1(X73-29c).
43 원문은 "自彼於我何爲"이다. 승조(僧肇, 383~414)의 『조론(肇論)』 「열반무명론(涅槃無名論)」(T45-159a)에서 유래한 문장이다.
44 『현사사비선사어록(玄沙師備禪師語錄)』 권1(X73-29c).
45 『현사사비선사어록(玄沙師備禪師語錄)』 권1(X73-29c).
46 『현사사비선사어록(玄沙師備禪師語錄)』 권1(X73-29c).
47 『능엄경(楞嚴經)』 권6(T19-132c).
48 『현사사비선사어록(玄沙師備禪師語錄)』 권1(X73-30a).
49 원문은 "塞耳偸鐘"이다. 일반적으로는 '塞耳盜鐘' '掩耳盜鈴' '掩耳盜鐘' '掩耳偸鈴' 등으로 쓴다. 진(秦)나라의 우화집 『여씨춘추(呂氏春秋)』에 나오는 말이다. 어떤 사람이 종을 훔치려고 망치로 깨뜨리는데 종소리가 크게 울려 퍼지자 다른 사람이 올까 두려워 자신의 귀를 막았다는 일화에서 유래하였다.
50 『현사사비선사어록(玄沙師備禪師語錄)』 권1(X73-30a).
51 『현사사비선사어록(玄沙師備禪師語錄)』 권1(X73-30b).
52 『대반열반경(大般涅槃經)』의 4구게인 "諸行無常 是生滅法 生滅滅已 寂

滅爲樂"(T1-204c)을 가리키는 것으로 보인다.

53 『현사사비선사어록(玄沙師備禪師語錄)』권1(X73-30b).
54 대혜종고(大慧宗杲)를 가리킨다.
55 갈단(獦狙)은 이리같이 생긴 힘센 괴물이다. 여기에서 '죽은 갈단'은 기력 없음을 비유한 것이다.
56 『대혜보각선사어록(大慧普覺禪師語錄)』권25 『서장(書狀)』「답증시랑(答曾侍郞)」(T47-918a).
57 『대혜보각선사어록(大慧普覺禪師語錄)』권25 『서장(書狀)』「답증시랑(答曾侍郞)」(T47-918a).
58 『대혜보각선사어록(大慧普覺禪師語錄)』권25 『서장(書狀)』「답증시랑(答曾侍郞)」(T47-918ab).
59 『대혜보각선사어록(大慧普覺禪師語錄)』권26 『서장(書狀)』「답부추밀(答富樞密)」(T47-922a).

제3장

의정을 일으키지 못한 납자에게 일러주는 이야기

[示疑情發不起警語]

01

지식으로 헤아리는 장애

　참선하는 데 의정은 일으키지 못하고서 옛 큰스님들의 행적과 저서들을 뒤적이며 이론을 검토하여 지식을 구하려는 이들이 있다. 이들은 언어로 된 불조(佛祖)의 가르침을 하나로 꿰뚫어서 도장을 하나 만들어 놓고는 그것을 잣대로 삼는다. 그러다가 공안(公案) 하나라도 들면 곧 알음알이로 따져 이해하려 하고 본래 참구해야 할 화두에는 의심을 일으키지 않는다. 그리하여 남이 따져 물으면 달갑지 않게 받아들이니, 이는 생멸심이지 선(禪)은 아니다.

　혹 어떤 사람은 묻는 대로 바로 답해 주거나 손가락을 곧추세우고[1] 주먹을 쳐들거나 붓을 쥐고 일필휘지로 게송을 지어 납자들에게 보여주고 참구하도록 하면서 그 속에 어떤 의미가 있다고 말한다. 그리고 스스로는 확실히 깨닫게 하는 방편을 얻었다고 생각하고 있다. 그러나 그는 의정이 일어나지 않았다는 사실을 까맣게 모르고 있는 것이다.

이러한 일은 모두 알음알이[識心]가 그렇게 만들고 있기 때문이다. 만일 한순간[一念]에 잘못되었음을 알려 한다면 모든 집착을 놓아 버리고 선지식을 찾아 깨달음에 이르는 방편을 찾아야 한다. 그렇지 않으면 생멸심만 커져 오래되면 마(魔)가 달라붙어 거의 구제불능이 된다.

02

고요한 경계만을 찾는 장애

　참선하는 데 의정은 일으키지 못하고서 바깥 경계[境緣]를 싫어해 떠나려는 이들이 있다. 그리하여 사람 없는 고요한 곳에 즐겨 머무르면서 문득 힘을 얻었다고 느끼고는 그곳에 어떤 도리가 있다고 생각한다. 그러나 이들은 조금이라도 시끄러운 경계를 만나면 마음이 즐겁지 않게 되니, 이것은 생멸심이지 선은 아니다.
　이런 식으로 오래 앉아 있으면 고요한 경계에만 마음이 맞아 아득히 캄캄하여 아무런 지각(知覺)도 상대(相對)도 없어진다. 비록 선정(禪定)에 들었다 하더라도 마음이 응고되어 움직이지 않으니 소승(小乘)과 무엇이 다르겠는가? 조금만 경계 인연을 만나면 곧 자유롭지 못하고, 성색(聲色)을 듣고 보면 두렵고 무서워하는 마음이 생긴다. 그 틈을 타서 마(魔)가 침입하고, 그 마력 때문에 모든 불선(不善)을 저지르니 일생 동안 수행한다 해도 아무 이익이 없다.
　이러한 병통은 모두 애초부터 잘못된 마음으로 공부하고 의정을 제대로 일으키지 못하여 선지식을 만나 보려고도 하지 않고 믿으려고도 하지 않으며 다만 조용한 곳에서 억지로 마음을 다스리고자 하였기 때문에 일어난 것이다. 이런 사람은 설사 선지식을 만난다 하더라도 한순간에 잘못을 뉘우치려 하지 않으니 천불이 출세(出世)해도 어찌할 수 없다.

03

망념으로 망념을
다스리려는 장애

참선하는 데 의정은 일으키지 못하고서 알음알이[情識妄想心]를 가지고 망심을 억눌러 일어나지 못하게 하는 이들이 있다. 이렇게 망심이 일어나지 않는 경지에 이르면, 맑고 고요하여 마음에 티끌 한 점 없기는 하다. 그러나 그들은 식심(識心)의 근원은 끝내 깨뜨리지 못하고서 맑고 고요하여 티끌 한 점 없는 그 경계에서야말로 공부가 되는 것이라 이해한다. 그러다가 남에게 자기의 아픈 곳을 지적당하면, 마치 물위에 뜬 호롱박을 자꾸만 눌러대는 꼴이 되니 이는 생멸심이지 선은 아니다.

이러한 병통은 애초부터 화두를 참구할 적에 의정을 일으키려는 마음이 없었기 때문이다. 설사 심신을 눌러서 일어나지 못하게 했더라도 마치 돌로 풀을 눌러놓은 것과 같으며, 알음알이를 끊어 단멸(斷滅)을 이루었다 하더라도 이는 바로 단견외도[空無外道]에 떨어진 것이다. 그러나 단멸(斷滅) 상태를 떨쳐 버리지 못한다면, 바깥 인연을 만났을 때 다시 식심(識心)을 끌어 일으켜 '맑고 티없는 경지' 정도로 성(聖)스럽다는 생각을 내며 스스로 확철대오하는 방편을 얻었다고 여긴다.

이런 이를 풀어놓으면 미치광이가 되고 붙들어 두면 마(魔)가 되며, 세상에 나가 무지한 인간들을 속일 것이다. 그리하여 깊은 재앙을 일으키고 사람들의 신심을 퇴보시키며 깨달음에 나아가는 길을 막게 되는 것이다.

04

공(空)에 빠지는 장애

　참선하는 데 의정은 일으키지 못하고서 자기 심신과 바깥 세계를 모두 공(空)으로 돌려 텅 비어 얽매일 곳도 의지할 곳도 없는 경지에 다다라, 자기 심신이 있는 것도 세계가 있는 것도 보지 않고, 안팎을 구분할 수 없이 모든 것을 공(空)이라 여기고는 '이런 공한 경지가 바로 선(禪)'이라 말하고 '이렇게 공(空)해질 수 있으면 그것이 바로 부처'라고 말하는 이들이 있다. 그리하여 앉아도 길을 가도 다 공(空)이어서 오고 감이 모두 공하며 행주좌와(行住坐臥)를 마치 허공 속에서 하듯 하는데, 이것은 생멸심이지 선은 아니다.

　집착하지 않는 경우는 완공(頑空)² 에 빠져 캄캄하고 무지하게 되고, 집착하면 바로 마(魔)가 되어 버리는데, 자기 스스로는 확철대오하는 방편을 얻었다고 착각한다.

　그러나 이런 사람들은 그 공(空)이 참선과는 아무 관계도 없다는 사실을 전혀 모르고 있는 것이다.

진정한 납자라면 의정을 일으키고 화두를 마치 하늘을 찌를 듯한 긴 칼인 양 생각하여 그 칼날에 부딪치는 사람은 목숨을 잃어버린다고 여겨야 한다.

　만약 이와 같이 하지 않으면 설사 공(空)해져서 한 생각도 일어나지 않는 경지를 얻었다 해도 그것은 다만 '텅 비어 인식이 없는 상태'일 뿐 완전한 공부는 아니다.

05

알음알이로
공안을 해석하는 장애

　참선하는 데 의정은 일으키지 못하고서 마침내 알음알이로 헤아려 옛 스님들의 공안을 어지러이 천착하는 이들이 있다. 그들은 공안에 대하여 전부를 제시한 것[全提]이라느니 부분만 제시한 것[半提]이라느니 하며, 향상구(向上句)니 향하구(向下句)니 한다. 또는 이것은 군주[君]이며 저것은 신(臣)이고 어떤 것은 핵심적인 내용이며 어떤 것은 부수적인 이론이라고 말한다. 그러면서 자기는 알음알이로 따져 이해한 사람들로서는 미치지 못하는 경지에 왔다고 여긴다.
　그러나 비록 옛사람이 하셨던 꼭 그대로 도리를 설명해 낼 수 있다 하더라도 그것은 생멸심이지 선은 아니다.
　옛사람들의 한마디 말씀은 마치 솜뭉치 같아서 삼킬 수도 토할 수도 없으니, 어찌 공부하는 사람에게 많은 해석의 여지를 허락하여 알음알이를 이끌어내도록 하겠는가. 그들은 이런 사실을 까맣게 모르고 있는 것이다.

　만일 의정을 일으켜 온몸으로 부딪쳐 들어갈 수 있다면 해석의 여지와 알음알이는 그대들이 죽어 없어지기 전에라도 자연히 잠잠해질 것이다.

06

4대(四大) 육신에 주인공이 있다고 생각하는 장애

　참선하는 데 의정은 일으키지 못하고서 이 심신(心身)은 순전히 잠깐 동안의 인연[假緣]이라고 간파하는 이들이 있다. 그들은 또 이렇게 생각한다.

　'그 가연(假緣)인 심신 속에 오고 가는 '한 물건'이 있어서 모양도 없는 것이 움직이기도 했다, 가만히 있기도 했다 하면서 6근(六根)을 통해서 빛을 놓고 땅을 흔든다. 그것은 흩어지면 온 세계에 다 퍼지고 거두어들이면 터럭만큼도 안 된다.'

　그리하여 그 속에 도리가 있다고 착각하고는 의정을 일으켜 참구하려 하지 않고, 거기서 '나는 큰 일[大事]을 끝마친 사람이다'라고 생각한다. 그러나 그것은 생멸심이지 선은 아니다.

　그들은 자신이 생사심을 타파하지 못했다는 사실을 까맣게 모르고 위와 같은 생각으로 다 되었다고 만족하고 있으니, 이것이야말로 알음알이에 희롱당하는 것이다.

그러다가 어느 날 아침 눈감는 날이면 주인공이 되지 못하고 알음알이가 끄는 대로 따라가서 지은 업에 따라 과보를 받게 된다. 선업을 많이 쌓아 인간이나 천상에 태어났다가 생주이멸(生住異滅)로 자기 자신과 환경이 모두 시들어 가면³ '불법, 그거 영험 없더라'고 말한다.

이렇게 불법을 비방한 죄로 지옥이나 아귀로 떨어질 것이며, 거기서 나왔을 때는 이미 수많은 세월[劫]이 지난 뒤임을 알게 될 것이다. 이렇게 볼 때, 참선하는 데는 바른 선지식을 만나야 하며, 만일 스스로 공부를 이끌어나가는 경우라면 어디에도 집착해서는 안 된다.

07

일상의 작용에
진성(眞性)이 있다고 보는 장애

　참선하는 데 의정은 일으키지 못하고서 견문각지(見聞覺知)와 일거수일투족을 가지고 그것을 자기의 신령스런 진성(眞性)이라고 오인하는 이들이 있다. 그들은 여기에서 헤아리고는 이것이 깨닫는 방편이라 여긴다. 그리하여 사람을 만나면 눈을 둥그렇게 뜨고 귀를 쫑긋 세우며 손가락질하고 발로 차고 하면서 그것을 불법(佛法)이라고 여긴다. 그러나 그것은 생멸심이지 선은 아니다.

　옛날 어떤 스님은 이런 사람을 간질병이 발작한 환자와 같다고 하였고,[4] 선상(禪床)에 앉아 귀신의 눈동자나 굴리는 꼴이라 하였다. 이리 굴리고 저리 굴리고 하다가 4대(四大)로 된 육신이 흩어지는 날에 가서는 더 이상 굴리지도 못하게 된다.

　게다가 한술 더 떠 악견(惡見)을 가진 어떤 이들은 이를 대단한 경지라 여겨 대대로 전수케 하고 사람들의 공양을 받으면서 부끄러운 줄도 모른다. 그러다가 어떤 사람이 법을 물어 오면 대뜸 일갈대성하거나 크게 한바탕 웃고 하니, 이런 사람은 자신이 이제껏 한 번도 참구해본 적이 없어 번뇌가 아직 끊어지지 않았다는 사실을 전혀 모르고 있다.

　그러니 비록 그가 착한 일을 한다 해도 그것은 모두 마(魔)의 장난일 뿐 궁극적인 도는 아니다.

08

유위공덕을 믿어
고행에 빠지는 장애

　참선하는 데 의정은 일으키지 못하고서 유위(有爲) 공덕을 지어 해탈하고자 하거나 혹은 고행(苦行)을 하는 이들이 있다. 그들은 겨울에 불도 피우지 않고 여름에도 부채질을 하지 않으며 누가 옷을 구걸하면 몽땅 다 벗어 주고 자기는 얼어 죽어도 달갑게 여기는 일을 해탈이라 생각한다. 또는 밥을 구걸하는 사람이 있으면 자기는 굶어 죽어도 달갑게 여기는 것을 해탈이라 생각하기도 한다.

　이러한 사례를 이루 다 말할 수는 없으나 총괄해 보면 모두 뽐내려는 속셈에서 나온 행위이니 무지한 이들을 속이는 짓이다. 저 무지한 사람들이 그를 생불이니 보살이니 하면서 신명을 다해 받들고 공양하나, 본인은 부처님 계율 중에 이런 것을 악률의법(惡律儀法)이라 한다는 사실을 전혀 모르고 있다. 이런 사람들은 비록 계율을 지키고 있다 하더라도 걸음마다 죄를 짓고 다니는 것이다.

　또 어떤 무리들은 몸뚱이나 팔을 불로 태우면서 예불참회하는 것을 공부하는 일이라고 생각한다. 그러나 이것이 세간법이라면 좋은 일이라 하겠으나 참구하는 본분에서는 어디에 해당되는 일인가.

옛 스님이 말씀하시기를 "절대로 다른 일[機境]에서 찾지 말라!" 하셨는데, 예불도 딴 일이고 참회도 딴 일이라 한다면 갖가지 훌륭한 불사(佛事)도 모두 딴 일이라고 해야 할 것이다.

그렇다고 하여 그대들에게 이런 모든 좋은 일을 하지 말라는 이야기는 아니다. 다만 한곳에 마음을 쓰다 보면 이러한 모든 좋은 일이 의심을 일으키도록 돕고 선근(善根)을 늘린다. 그러다가 뒷날 도안(道眼)이 홀연히 열리면 향 사르고 청소하는 일까지도 다 불사(佛事)가 될 것이다.

09

세속사를 무애행으로
착각하는 장애

  참선하는 데 의정은 일으키지 못하고서 문득 한가하게 처신하거나 부산하게 움직이는 이들이 있다. 그들은 사람을 만나면 저절로 춤과 노래가 나오고 스스로 즐거워한다. 혹은 물가나 숲속에서 시(詩)를 읊조리면서 담소하거나 저자거리를 이리저리 휘젓고 다니면서 자기 스스로를 공부 다 마친 도인이라고 생각한다.

  그러다가 어떤 선지식이 총림을 열고 법도를 세워 좌선이든 염불이든 혹은 어떤 수행이라도 하는 것을 보게 되면, 손뼉을 치고 웃으면서 업신여기고 모독하려는 마음을 낸다. 자기는 도를 닦지 않으면서 남 닦는 일은 방해하고, 자기는 경을 봉독(奉讀)하거나 예불참회하지 않으면서 남이 하는 것을 방해한다. 또 자기는 참선하지 못하면서 다른 사람 참선하는 것을 방해하고, 자기는 총림을 열고 설법하지 못하면서 남이 그렇게 하는 것을 방해한다.

  그리고는 도인 하나 세상에 나왔다 하면 어려운 질문을 몇 개

마련하여 대중이 다 모인 앞에서 하나하나 문답해 가며 더러 일갈하기도 하고 손뼉 한 번 치기도 한다. 선지식이 이것을 귀신장난 같다고 보다가 간혹 그들의 말을 상대해 주지 않으면 그는 사람들에게, "아무개 스님은 이런 소식도 알지 못하더라." 하니 참으로 씁쓸한 일이다.

  이것은 다 생멸심이 다투어서 그렇게 되는 것이니 오래 되면 마도(魔道)에 끌려가 한없는 깊은 재앙을 만들며, 마귀가 내리는 복을 누리다 그 복이 다하면 모두 무간지옥에 떨어지게 된다.[5] 이런 경우는 비록 처음 인연은 훌륭했다 하더라도 형편없는 결과를 초래한 것이니 슬픈 일이로다.

10

대중생활을 피해
고요함에 빠지는 장애

●

　참선하는 데 의정은 일으키지 못하고서 대중과 함께 사는 것을 거동이 불편하고 구속이 심하여 매우 번거롭다고 느끼는 이들이 있다. 그리하여 사람 없는 깊은 산으로 들어가서 조용히 머무르고자 하며, 혹은 단칸 오두막을 찾아 고요하게 들어앉는다. 이들은 처음에는 주인공이 되어 눈을 딱 감고 마음을 굳게 먹으며 가부좌를 틀고 합장한 채 꼿꼿하게 공부해 간다. 그러다가 한 달 두 달, 혹은 1~2년이 지나도 깨닫지 못하는 경우가 있다.

　또 어떤 무리들은 작심삼일이어서 2~3일 지나면 벌써 앉아 있지 못한다. 그리하여 책을 보거나 한가하게 놀기도 하며 노래나 시를 짓기도 한다. 그런 중에는 아예 문 잠그고 잠만 자는 이도 있으니, 이런 이들은 겉모양은 어엿한 출가자이나 내면은 속인이다.

　또 어떤 형편없는 무리들은 염치도 모르고 인과를 믿지 않아서 몰래 탐욕을 행하며 사람을 만나면 함부로 입을 놀려 무지한 이들을 속인다. 그리고는 "나는 어떤 선지식을 만난 적이 있다"느니 "어느 큰스님의 법을 이었다"느니 하면서 무지한 이들이 이 말을 믿고 받아들이게 한다. 그들과 좋은 사이가 되어 혹은 도반이 되기도 하며, 혹은 불러들여 자기의 제자로 삼아 위에서 하는 일을 아랫사람이 본받게 한다.

그러면서 스스로 그 잘못을 알지 못하고 반성하려 하지도 않으며, 또 바른 선지식을 만나보려 하지도 않고 망령되게 저 혼자만 잘났다고 여겨 망언함을 보게 되니, 이러한 무리들을 가엾은 자라고 부르는 것이다.

그런데 지금도 대중생활을 싫어하고 자기 처소만을 찾는 이가 있으니, 어찌 한심한 사람들이 아니겠는가? 진정 도를 배우는 사람이라면 이러한 망념이 싹트지 않게 조심해야 한다. 대중 속으로 들어가 함께 참구하면서 피차간에 자극이 되어 주는 것이 정말 필요한 일이다. 이렇게 하면 비록 도를 깨닫지는 못할지라도 결코 앞서 말한 경우와 같은 지경에 빠져들지는 않을 것이니, 납자들은 반드시 주의해야 한다.

주
:

1 손가락 세우는 것으로 가장 잘 알려져 있는 이야기는 구지(俱胝)선사와 관련된 것이다. 구지(俱胝)화상은 무엇인가 질문을 받으면 언제나 단지 손가락 하나를 세우기만 했다. 뒤에 동자 한 명이 절에 남아 있는데 손님이 찾아와 "화상께서는 어떤 불법을 이야기하고 계시나요?" 하고 묻자, 동자도 구지화상을 흉내 내어 손가락을 세웠다. 구지화상이 이 이야기를 듣고, 동자를 불러 칼로 그의 손가락을 잘랐다. 동자는 고통으로 울부짖으며 방 밖으로 나가고 있는데, 구지화상이 동자를 불렀다. 동자가 고개를 돌리자, 바로 그 순간 구지화상이 손가락을 세웠는데 동자가 깨달았다. 『종용록(從容錄)』 권6 제84칙 "구지의 한 손가락[俱胝一指]"(T48-281a).
2 단멸공(斷滅空)에 빠져 생긴 허물.
3 원문은 "五衰"이다. '5쇠'는 천인(天人)의 복락이 다하여 죽으려 할 때에 나타나는 다섯 가지 시들어 가는 모양을 말한다. 경론마다 차이는 있으나 대략 ① 옷이 티끌에 더러워지고, ② 화관이 시들고, ③ 겨드랑이에 땀이 나고, ④ 나쁜 냄새가 몸에서 나고, ⑤ 제 자리가 즐겁지 않게 되는 다섯 가지를 든다. 이것이 나타나면 천상에서 죽는 것이라고 한다.
4 『오등회원(五燈會元)』 권14 「동경천녕부용도해선사(東京天寧芙蓉道楷禪師)」 "拈槌豎拂 東喝西棒 張眉努目 如癇病發相似"(X80-292c).
5 『능엄경(楞嚴經)』 권8 "受魔福盡 墮無間獄"(T19-141c).

제4장

의정을 일으킨 납자에게 일러주는 이야기

[示疑情發得起警語]

01

조그만 경지에 집착하는 장애

참선하다가 의정을 일으켜 법신도리(法身道理)와 상응하면 어떤 이들은 온 누리가 밝고 밝아 조금의 걸림도 없음을 보게 된다. 그들은 당장에 그것을 어떤 경지라고 받아들여서 놓아 버리지 못하고 법신 주변에 눌러앉는다. 그리하여 명근(命根)이 끊기지 않은 채 법신 가운데 어떤 견지(見地)나 깨달음의 상태[受用]가 있는 듯[似有] 생각한다. 그러나 그들은 이것이 모두 그들의 상(想)임을 까맣게 모른다.

옛사람은 이것을 '법신을 가리는 구절[隔身句]'이라고 불렀다. 명근(命根)이 끊기지 않았다면 이미 온몸 그대로가 병통이니, 이는 선이 아니다. 이러한 경지에 도달하거든 오직 온몸으로 부딪쳐 들어가서 생사대사를 깨달아야 하며 또한 깨달은 것이 있었다는 사실조차도 몰라야 한다.

옛 스님이 말씀하시기를, "깎아지른 절벽에서 손을 뿌리치듯 더 나아가 깨달아 보려 해야 하니, 죽은 자리에서 다시 깨어나야 자기를 속이지 않는 깨달음이니라."[1]라고 하였다.

만일 번뇌가 다 끊어지지 않았다면 이것은 생멸심일 뿐이며 또한 번뇌가 끊어진 뒤에도 몸을 돌려 숨을 토해낼 줄 모르면 이것을 '죽은 놈'이라 부르니 완전한 깨달음이 아니기 때문이다. 이러한 도리는 깨닫기가 어렵지 않은데, 이는 납자들이 선지식을 만나보려 하지 않기 때문에 알지 못하고 있을 뿐이다. 만약 선지식을 만나서 그에게서 아픈 곳을 찔리고 나면 그 자리에서 돌아갈 곳을 알게 될 것이며, 혹 그렇지 못하면 죽어 엎어진 시체가 만 리에 뻗쳐 있게 될 것이다.

02

경계에 빠져 나아갈 바를
모르는 장애

　참선하다가 의정을 일으켜 법신도리와 상응하면 어떤 이들은 세계를 뒤섞어서 파도물결이 뒤집히는 듯한 경지를 얻는다. 그러면 수행하던 사람들은 그 경지에 빠져 앞으로 나아가려 하지도 않고 뒤로 물러서려 하지도 않는다. 그리하여 온몸으로 부딪쳐 참구해 들어가지 못하니, 이는 마치 가난한 사람이 황금산을 만나 떠날 줄을 모르는 꼴이다. 그것이 황금인 줄은 확실히 알지만 어찌 손 쓸 줄을 모르니, 옛사람은 이런 자를 '보물 지키는 바보[守寶漢]'라고 불렀다. 이는 온몸 그대로가 병통이지 선이 아니다.

　이러한 경지에 도달하거든 오직 위태로움을 돌보지 않아야 비로소 법(法)과 상응하게 된다.

　천동(天童, 1091~1157)[2] 스님께서 이렇게 말씀하셨다.

　　온 법계(法界)를 뭉쳐 밥을 지었으니

머리를 박고 먹어야만 진짜 배부른 식사일세.

普周法界渾成飯 鼻孔顙垂信飽參[3]

이 말씀과 같이 머리를 박고 먹지 않으면 밥바구니 옆에서 굶어 죽거나 큰 바닷속에서 목말라 죽는 것과 같으니 무슨 일이 되겠는가. 이것이 '깨닫고 난 다음에는 모름지기 선지식을 만나야 한다'고 하는 이유이다. 그러므로 옛 스님들께서도 깨닫고 난 다음 선지식을 만나 완성되었다.

만일 자기 스스로만 깨닫고 선지식을 만나서 못을 뽑고 빗장을 열듯 의문과 번뇌를 뽑으려 하지 않는다면 이런 사람들을 모두 '스스로를 속이는 사람'이라고 부른다.

03

경계를 헤아림에 빠지는 장애

참선하다가 의정을 일으켜 법신도리와 상응하면 어떤 이들은 산을 보아도 산이 아니고 물을 보아도 물이 아니며, 온 누리가 꽉 막혀 실오라기만한 빈틈도 없게 된다. 이런 가운데 홀연히 헤아리는 마음이 생겨서 마치 눈앞에 무엇이 가려져 있는 듯하고 심신을 가로막는 듯하여, 끄집어내려 해도 나오지 않고 쳐부수려 해도 깨지지 않는다. 문제 삼았을 때는 무엇인가 있는 듯하다가 놓아 버리려 하면 아무것도 없는 듯하여, 입을 열어도 숨을 토해낼 수 없고 몸을 움직이려 해도 발을 뗄 수 없게 되는데, 이런 경계라 해도 역시 제대로 된 것은 아니다.

이런 경우도 온몸 그대로 병통이지 선이 아니다. 이런 이들은 옛 스님들의 바른 공부를 전혀 모르고 있는 사람들이다.

옛사람들은 마음씀이 한결같아서 의심이 일어나면 산을 보아도 산이 아니고, 물을 보아도 물이 아닌 경지에 와서도 그것을 헤아리는 마음이나 다른 생각을 일으키지 않고 꼿꼿하게 헤쳐 나갔다. 그러다가 홀연히 어느 아침 의심 덩어리가 깨어지고 나면 온몸 그대로가 눈동자가 된다. 그리하여 산을 보니 여전히 옛 산이요 물을 보니 여전히 옛 물이어서 "산하대지가 어디서 왔는가!" 하고 외치게 된다. 이때 실오라기만큼이라도 깨달았다는 자취는 찾으려야 찾을 수 없다.

이러한 경지에 도달하거든 꼭 선지식을 만나보아야 한다. 만약 옳은 스승을 만날 수 없으면 고목나무 큰 바위 앞 갈림길에 또 하나의 갈림길이 있게 되는 것이다. 여기에서 발을 헛디뎌 넘어지지 않고, 고목나무 뿌리에 걸려 자빠지는 꼴을 당하지 않는 사람이 있다면 이 박산(博山)이 그와 동참의 의를 맺겠다.

04

쉼(休歇)에 빠져
의정을 놓아 버리는 장애

　참선하다가 의정을 일으켜 법신도리와 상응하면 어떤 이들은 문득 가라앉고 고요한 쪽으로 기울게 된다. 그리하여 그곳에서 "쉬어라, 쉬어라" 하며 만년 부동(不動)의 일념을 갖고서 의정은 법신도리 속에 모셔 두고 꺼내 쓰지 않아서 그저 죽어가고 있을 뿐이다. 다시는 돌아오지도 않고 아무것도 개의치 않으며 아무런 기척도 없이 썩은 물[死水] 속에 빠져들고 있으면서 스스로는 그것이 최상의 진리라고 생각한다. 이 역시 온통 병들어 있는 것이지 선은 아니다.

　석상(石霜, 807~888)스님의 문하에 이런 식으로 공부한 사람이 극히 많았으니, 그들이 비록 앉아서 죽고 선 채로 입적한다 해도 제대로 공부한 것은 아니다. 만약 따끔한 침을 맞고서 아프고 가려운 곳을 알아 몸을 놀리고 숨을 토해낼 수 있게 되면 올바른 납자가 될 것이다.

그러나 아픈 줄도 가려운 줄도 모르면 비록 법신이라는 말을 이해하고, 또 제자리에서 시방의 일을 훤히 안다 하더라도 무슨 소용이 있겠는가? 천동스님이 이렇게 말씀하셨다.

앉아서 시방 일을 다 알아도
오히려 용문폭포에서 낙방한 물고기라더니
남몰래 한 발자국 옮겨 놓자
비룡(飛龍)을 보았노라.

坐斷十方猶點額[4]　密移一步看飛龍[5]

옛사람들은 경책하는 법어로 크게 납자들을 가르치는 경우가 있었고, 이론을 펴서 자상하게 설명해 주는 경우도 있었다. 문제는 스스로가 철두철미하게 참구하려 들지 않는 데 있다. 이런 사람들이 선지식처럼 북적대는 세상에서 천 가지 백 가지로 자유로움을 배우고자 하나 어렵지 않겠는가.

05

고요한 경지에서
주재(主宰) 세우는 장애

●

　참선하다가 의정을 일으켜 법신도리와 상응하면 어떤 이들은 고요하여 흔들리지 않는 경지에 이르러 마음에 아무런 장애도 겉치레도 없고 아무것도 잡을 것이 없게 된다. 이들은 여기서 다 놓아 버리고 지금의 경지를 바꾸어 깨달음의 기회를 잡을 줄 모른다. 오히려 그 속에서 억지로 주재(主宰)를 세워 법신 쪽에 꼭 막혀 있으니, 이는 온몸 그대로가 병통이지 선은 아니다.
　동산(洞山, 807~869)스님께서 이렇게 말씀하셨다.

　높은 묏부리 빼어나게 솟았으니
　나는 학(鶴)은 멈출 곳을 모르고
　신령한 고목 먼 곳에 우뚝하니
　봉황[鳳]새도 기댈 곳 없구나!

　峰巒挺異　鶴不停機

靈木沼然　鳳無依倚[6]

여기서 '높은 묏부리 신령한 고목'은 엄청 깊숙한[玄奧] 경지로 무미건조하다는 의미가 아니며, '머무를 곳도 기댈 곳도 없다' 함은 너무나 생생하여 죽은 갈단(獦狚) 같은 경지를 가리키는 것이 아님을 잘 알아야 한다.

참구하여 깊숙한 곳에 이르지 못한다면 이치를 깨닫는 심오한 경지를 모르고, 만일 활발한 경지에 이르지 못하면 기연(機緣)을 굴리는 묘리(妙理)를 알지 못한다. 도인의 마음씀은 아무 마음 쓸 곳이 없는 데까지 마음을 쓰는 것이니 그래야만 제대로 선지식을 만나 칠통 같은 의심의 응어리를 쑥 뽑아 버리고 깨달음을 얻는다. 그러니 어찌 그루터기를 지켜 토끼를 잡으려는[守株待兎][7] 바보처럼 한쪽 구석에 머물러 있으면서 새장에 갇힌 학(鶴)이나 털 빠진 봉황[鳳]이 되기를 달갑게 여기겠는가.

06

알음알이로 나타난 경계를 형상화하는 장애

　참선하다가 의정을 일으켜 법신도리와 상응하면 이들은 마치 눈앞에 어른어른하게 무엇인가가 있는 듯한 것을 보게 된다. 그리하여 이 어릿어릿한 것에 계속 의심을 붙여가면서 이제는 눈앞에 마주 선 말뚝처럼 확연하게 형상화(形象化)한다. 그러면서 스스로 "나는 법신도리를 터득했고 법신의 성품을 보았노라." 하며, 이러한 형상들이 괜히 자기 눈을 눌러서 나타난 헛것임을 모른다. 이런 사람은 온몸 그대로 병통이지 선은 아니다.

　만약 진실로 깨닫고자 하는 사람이라면 세계의 넓이가 한 장(丈)이면 고경(古鏡)도 한 장(丈)이듯 몸을 가로눕히면 온 우주를 덮어야 한다. 그 속에선 티끌 세계를 찾아보려야 정말로 찾을 수 없다. 이런 데에서 무엇을 가지고 '자신'이다, '상대'다 하며, 또 무엇을 가지고 '어떤 것'이니 '어릿어릿'하다느니 하겠는가? 운문(雲門)스님께서도 역시 이러한 병통을 지적하셨으니, 아직까지 많은 글이 남아 있다. 만약 이 한 가지 병만 밝혀낼 수 있으면, 다음 세 가지 병도 모두 얼음 녹듯 녹아 버릴 것이다. 나는 전에도 이렇게 납자들에게 말한 적이 있다.

"법신 가운데 병이 가장 많이 생겨나니 반드시 큰 병을 한바탕 앓고 나야 비로소 병의 원인을 알게 된다. 가령 온 누리 사람이 다 참선을 한다 해도 이 병을 앓지 않은 사람은 한 사람도 아직 없었다. 오직 앞 못 보는 사람, 못 듣는 사람, 말 못 하는 사람만이 예외일 것이다."

07

얻은 경계를 경론에 맞춰 이해하는 장애

　참선하다가 의정을 일으켜 법신도리와 상응하면 어떤 이들은 "온 누리가 사문의 한쪽 눈이며 온 누리가 자기의 신령스런 광명이며 온 누리가 자기의 신령스런 광명 안에 있다."[8]고 한 예전 큰스님의 말씀을 보거나 "티끌 하나 속에 끝없는 법계의 진리가 담겨 있다."[9]는 경전의 말씀을 끌어다가 여기서 이해하려 한다. 그리고는 앞으로 더 나아가려 하지도 않고 살지도 죽지도 못하면서 이런 식의 이해를 깨닫는 공부라고 생각한다. 그러나 이런 사람은 온몸 그대로가 병통이지 선은 아니다.

　설사 도리[理]와 상응했다 하더라도 여기에서 벗어나지 못하면 전적으로 도리 자체가 장애일 뿐이며, 법신 쪽에만 치우쳐 있게 된다는 사실을 그들은 전혀 모르고 있는 것이다. 더욱이 그 이해에 엉켜서 깊은 진리 속에는 들어갈 수 없다. 마치 눌러도 죽지 않는 원숭이와 같으니 이미 죽지 않는다 했는데 또 어떻게 기절했다가

소생할 수가 있겠는가.

 분명히 알아야 한다. 처음 의정이 생기거든 곧 도리와 상응하도록 할 것이며, 이미 그렇게 되었거든 더 깊은 곳으로 들어가야 한다. 그리하여 만 길 낭떠러지에서 곤두박질을 쳐 떨어진 뒤 팔을 저어 장강(漳江)을 벗어나야만 비로소 도인의 공부가 된다. 그렇지 않다면 모두 사기꾼으로서 종문(宗門)을 떠맡을 납자가 아니다.

08

담담한 경계를 궁극적인 깨달음이라 여기는 장애

참선하다가 의정을 일으켜 법신도리와 상응하면 어떤 이는 행주좌와(行住坐臥)에 마치 햇빛이나 등불 그림자 속에 있는 듯 아무 맛도 없는 담담한 경계에 빠진다. 혹은 다시 모두 놓아 버리고 맑은 물 영롱한 구슬이나 맑은 바람 밝은 달과 같은 경계에 앉게 된다. 이렇게 되고 나면 자기 자신과 바깥세상을 몽땅 뭉쳐서 한 조각으로 만들고, 그 청정하고 날카로운 상태를 궁극적인 경지라고 여긴다. 그리하여 몸을 돌려 숨을 토해내려 하지 않고, 더 이상 망념을 떨쳐 버리려 하지도 않으며, 선지식에게 인가(印可)를 받으려 하지도 않는다.

어떤 사람은 이렇게 깨끗한 경계 속에서 또 다른 생각을 일으키면서 그것을 깨닫는 방편이라고 여기니, 이런 사람은 온몸 그대로가 병통이지 선은 아니다.

천동스님께서 이렇게 말씀하셨다.

맑은 빛이 눈에 비추어도 마치 길 잃은 사람 같고
분명하게 몸을 돌렸지만 오히려 지위[位]에 떨어졌다.

淸光照眼似迷家　明白轉身猶墮位[10]

  자못 밝은 빛이 눈에 들어온다면, 그것을 어찌 맑은 물이나 영롱한 구슬, 맑은 바람이나 밝은 달 같은 경지라고 아니 할 수 있겠는가. 또한 분명히 '몸을 돌렸다' 함은 다시 한 발자국 앞으로 나아간 것이다. 여기서 '길을 잃었다' 함과 '지위[位]에 떨어졌다'는 그 말을 도장 찍듯 확실히 소화해 내면 된다.
  납자들이 이 경지에 도달하면 다시 어떻게 닦아가야 하는가? 반드시 크게 탈바꿈하여 석존처럼 꽃 한 송이 집어든 장육금신(丈六金身)의 부처가 되어[11] 쏨쏨이에 분수 밖의 행위를 하지 말아야 하니, 그렇게 하지 않으면 배는 말뚝에 매어 둔 채 노만 흔들리며 어부는 집안에 들어앉은 격[12]이 된다. 이런 이를 '혈기 없는 사람'이라고 하니 아무리 많이 때려죽인다 해도 무슨 죄가 되겠는가?

09

신기한 경계에 현혹되는 장애

참선하다가 의정을 일으켜 법신도리와 상응하면 어떤 이들은 법신 주변에서 특별하다는 생각을 낸다. 빛이나 꽃이 보이고 여러 가지 신기한 모습이 나타나면 자기가 성인(聖人)이 되었다고 생각하고, 이런 신기한 모습으로 사람을 현혹시키면서 스스로는 확실히 깨달았노라고 한다. 그러나 그들은 이것이 전부 병통이지 선이 아니라는 사실을 까맣게 모르고 있다.

경계로 나타나는 신기한 모양은 자기 망심(妄心)이 맺혀서 만들어지는 경우도 있고, 혹은 마(魔)가 틈을 타고 들어와서 그런 경계를 짓는 수도 있고, 혹은 제석천신이 변화해서 수행인을 시험해 보느라 나타나는 수도 있다.

망심이 맺혀 그런 경계가 나타나는 경우는 정토(淨土)수행의 예를 들 수 있다. 그들은 어떤 상을 관(觀)함에 오직 그것만을 염두에 둔다. 그러다가 홀연히 부처나 보살 등의 모습이 나타나는 것이다.

『16관경(十六觀經)』에 설해진 내용은 모두 정토교(淨土敎)의 이론과는 맞으나 참선의 요문(要門)은 아니다.

마가 틈을 타고 들어오는 경우는 『능엄경(楞嚴經)』에 나오는 예를 들 수 있다. 오온(五蘊)이 빈 가운데 수행하는 사람 마음에 집착이 생기면 마(魔)가 자기 마음대로 모습을 나타내게 되는 것이다.

그리고 제석천신이 변화한다는 경계는 보살이 수행할 때 제석(帝釋)이 머리 없는 귀신이나 내장이 없는 귀신으로 변하여 나타나는 경우이다. 이때 보살에게 두려워하는 마음이 없으면 다시 미녀의 몸으로 변하여 나타난다. 거기에도 보살이 애착심이 없으면 다시 제석으로 변하여 절을 하고는 말한다.

"태산을 무너뜨리고 바다를 말릴 수는 있어도 저 수행자의 마음은 움직이기 어려울 것이다."

그렇기 때문에 "야인(野人)이야 기량이 다할 때가 있겠지만 노승은 어떠한 경계도 보고 듣지 않으니 끝이 없으리라."[13] 한 것이다.

진정한 납자라면 백 개의 칼날이 눈앞에서 부딪친다 해도 딴 생각을 할 겨를이 없다. 하물며 선정(禪定)을 닦는 고요한 가운데 경계로 나타난 헛된 모습이겠는가. 이미 법신도리와 상응하였다면 마음 바깥의 경계는 없다. 그러니 인식 주관인 마음이나 인식 대상인 경계가 어디에 설 수 있단 말인가?

10

경안(輕安)에 집착하는 장애

참선하다가 의정을 일으켜 법신도리와 상응하면 어떤 이들은 심신이 거뜬해짐[輕安]을 느끼고 일거일동에 모두 막히거나 걸림이 없게 된다. 그러나 이는 바른 도와 삿된 도가 번갈아 오는 것이니, 4대(四大)로 된 몸이 쾌적해져서 잠시 그러할 뿐이지 궁극적인 경지는 아니다. 그런데도 저 무지한 사람들은 여기서 의정을 놓아 버리고 참구하려 들지 않으면서 스스로는 깨닫는 방편을 얻었다고 생각한다. 그러나 이들은 번뇌가 끊어지지 않았다는 사실을 도무지 모르고 있다. 설사 이들이 진리를 깨달았다 해도 그것은 알음알이일 뿐이니, 알음알이로 헤아리는 것은 온몸 그대로가 병통이지 선은 아니다. 이렇게 된 이유는 깨달음이 깊지 않은데다 너무 조급하게 범부에서 성인으로 되고자 했기 때문이다.

그들은 지혜가 깊다 하더라도 실제로 그것을 쓸 수가 없다. 그러니 활구(活句)를 얻고서 물가나 숲속에 들어가 공부한 것을 잘 간직[保任]하는 것은 좋다 하겠으나 조급하게 앞으로 나아가 남을 위한답시고 부질없이 잘난 체 해서는 안 된다.

　꼭 알아두어야 할 것은 처음 공부할 때 의정이 일어나 한 덩어리로 뭉쳐지면 그것이 저절로 열리기를 기다려야만 비로소 깨달을 수 있다는 사실이다. 그렇지 않고 조금이라도 무슨 이치를 보았다 해서 곧 의정을 놓아 버리고 그 속에 눌러앉아 죽어도 그곳을 떠나지 않고 끝내 깨닫지 못하면 일생을 헛공부한 것이다. 그렇게 되면 겉으로는 참선하는 납자라 해도 실제로 참선한 내용은 없다.

　비록 번뇌를 떨쳐 버렸다 해도 다시 선지식을 만나보는 일은 나쁠 것이 없다. 선지식이란 분들은 훌륭한 의사와 같아서 중병을 거뜬히 고쳐 내고, 또 큰 공덕주여서 마음먹은 대로 베풀 수 있다. 그러므로 스스로 이만 하면 되었겠지 하는 생각으로 선지식을 만나보려 하지 않아서는 절대 안 된다. 선지식을 만나보려 하지 않고 자기 견해에만 사로잡혀 있다면 선 가운데 이보다 더한 병통이 없다는 사실을 분명히 알아야 할 것이다.

주
:

1　『종용록』권4 제63칙 "조주가 죽음을 묻다[趙州問死]"(T48-266c) ; 『벽암록』권5 제41칙 "조주의 크나큰 죽음[趙州大死]"(T48-179a).
2　굉지정각(宏智正覺)을 가리킨다. 송대(宋代) 조동종 스님. 속성은 이(李)씨, 산서성 습주(隰州) 출신. 11세에 출가하여 14세에 진주(晉州) 자운사(慈雲寺) 지경(智瓊)에게 구족계를 받았다. 18세에 곳곳의 큰스님을 찾아서 참구할 뜻을 세우고 23세에 단하산(丹霞山)의 자순(子淳)에게 참학하여 깨닫고 법을 이어받았다. 34세에 사주(泗州) 보조사(普照寺)에서 개당하였으며 1129년 천동산(天童山)에 머문 이래 30여 년간 천동산 중흥에 진력하였다. 그의 활약상이 세상에 크게 인정되어 좌선(坐禪)과 묵조(黙照)가 그 지표가 되어 묵조선(黙照禪)·굉지선(宏智禪)이라 일컬었다. 임제종의 대혜종고(大慧宗杲)와 함께 선문의 2대 감로문(甘露門)이라 불렸다. 시호는 천동굉지(天童宏智) 선사. 탑호는 묘광(妙光).
3　『굉지선사광록(宏智禪師廣錄)』권2(T48-24c) ; 『종용록(從容錄)』권5 제69칙 "남전의 암소[南泉白牯]"(T48-271a).
4　점액(點額)은 이마에 상처를 입었다는 말인데 낙방했다는 뜻이다. 이와 관련된 내용이 '용문점액(龍門點額)'이라는 고사성어인데 『후한서(後漢書)』에 보인다. 황하 상류에 용문(龍門)이라는 협곡이 있는데 이곳을 거슬러 오르면 용이 된다고 한다. 하지만 바위에 머리를 부딪쳐 하류로 떠내려가는 물고기는 용이 될 기회를 놓쳤다는 점에서 낙방을 의미한다. 등용문(登龍門)이라는 말의 유래이기도 하다.
5　『굉지선사광록(宏智禪師廣錄)』권2(T48-27b) ; 『종용록(從容錄)』권5 제96칙 "구봉의 긍정치 않음[九峰不肯]"(T48-289c).
6　『균주동산오본선사어록(筠州洞山悟本禪師語錄)』권1「현중명(玄中銘)」(T47-515c).
7　원래의 그루터기를 지켜보며 토끼가 나오기를 기다린다는 뜻인데, 낡은

관습만을 고집하여 지키고, 새로운 시대에 순응하지 못하는 사람을 빗대어서 가리킨 말이다. 『한비자(韓非子)』「오두편(五蠹篇)」에 보인다. 송(宋)나라에 한 농부가 있었다. 하루는 밭을 가는데 토끼 한 마리가 달려가더니 밭 가운데 있는 그루터기에 머리를 들이받고 목이 부러져 죽었다. 그것을 본 농부는 토끼가 또 그렇게 달려와서 죽을 줄 알고 밭 갈던 쟁기를 집어던지고 그루터기만 지켜보고 있었다. 그러나 토끼는 다시 나타나지 않았고 그는 사람들의 웃음거리가 되었다.

8 표현은 약간 다르지만 『종용록』권5 제79칙 "장사의 진보[長沙進步]"에 장사경잠(長沙景岑, ?~868)의 법문으로 되어 있다. "盡十方世界是沙門眼 盡十方世界是沙門全身 盡十方世界是自己光明 盡十方世界在自己光明中."(T48-277c).

9 대체로 80권본 『화엄경(華嚴經)』의 권51 「여래출현품(如來出現品)」(T10-272c) 내용을 가리킨다. "비유하면 큰 경책[經卷]이 있어 분량이 삼천대천세계와 같은데 삼천대천세계에 있는 일을 죄다 썼으며, … 중천(中千)세계의 일을 쓴 것은 분량이 중천세계만하고, 소천(小千)세계의 일을 쓴 것은 분량이 소천세계만하며, 이와 같아서 … 분량이 다 그와 같습니다. 이 큰 경책의 분량이 비록 대천세계와 같지마는, 전체가 한 작은 티끌 속에 있으며, 한 작은 티끌 속과 같이 모든 작은 티끌들도 역시 그러합니다. … 여래의 지혜도 그와 같아서 한량이 없고 걸림이 없어서 일체 중생을 두루 이익케 하는 것이 중생들의 몸속에 갖추어 있건마는, 어리석은 이의 허망한 생각과 집착함으로써 알지 못하고 깨닫지 못하여 이익을 얻지 못합니다(譬如有大經卷 量等三千大千世界 書寫三千大千世界中事 一切皆盡 … 書寫中千世界中事 量等中千世界 書寫小千世界中事 量等小千世界 如是 … 其量悉等 此大經卷雖復量等大千世界 而全住在一微塵中 如一微塵 一切微塵皆亦如是 … 如來智慧亦復如是 無量無礙 普能利益一切衆生 具足在於衆生身中 但諸凡愚妄想執著 不知不覺 不得利益)."

10 『굉지선사광록(宏智禪師廣錄)』권2(T48-20c) ; 『종용록(從容錄)』권2 제26칙 "앙산이 눈사자를 가리킴[仰山指雪]"(T48-244b).

11 원문은 "拈一莖草 作丈六金身用"이다. 『종용록(從容錄)』 권1 제4칙 "세존이 땅을 가리키심[世尊指地]"(T48-230a)이나 『종용록』 권3 제47칙 "조주의 잣나무[趙州栢樹]"(T48-257a)에 조주의 법문으로 나타난다.

12 원문은 "漁父棲巢"이다. 협산선회(夾山善會, 805~881)에게 한 스님이 "쓰레기를 헤치고 부처를 볼 때가 어떠합니까?" 하고 묻자, 선사가 "이 일을 밝히려면 모름지기 칼을 휘둘러야 되느니라. 만일 칼을 휘두르지 않으면 어부가 둥지에 깃드느니라" 하였다. 『종용록(從容錄)』 권5 제68칙 "협산의 칼을 휘두름[夾山揮劍]"(T48-269c).

13 『오등회원(五燈會元)』 권2에 수주(壽州) 도수(道樹)선사의 법문으로 되어 있다.(X80-53a).

제5장

공안을 참구하는
납자에게 일러주는 이야기

[示禪人參公案警語]

01

물빛소〔水牯牛〕 공안[1, 2]

●

허공까지 닿도록 물결을 일으켜도
가산을 모조리 탕진하기 알맞네.
눈이 있어도 보지 못하고 귀가 있어도 듣지 못한다.
붉은 살점에다 따끔한 몽둥이질 가해서
입가에 흰 거품 생겨나게 한다면
불법과 티끌세상 함께 평탄하리라.
바른 생각에는 바늘 끝도 칼날도 들어갈 틈 없고
철면피 낯가죽엔 인정이란 없다네.
예가 아니면 경거망동을 하지 말며
가고 머무름에 자재해야 하느니라.
망령되이 친소를 구별하는 지견을 초월하여
의단을 부딪쳐 깨고 묘하게 깨달을지니
의단을 깨지 못하였거든 맹세코 쉬지 말고

위산스님의 물빛소를 놓아주었다가
하루아침 달려가 코를 꿰어 돌아오면
저 멀리 하늘 가득 물빛소 한 마리일 뿐이리.

通達虛空翻白浪　好把家私都破蕩
有眼不見有耳聾　赤肉團中加痛棒
從敎白醱口邊生　佛法塵勞一坦平
正念針鋒箚不入　面皮鐵鑄沒人情
非禮莫敎輕動步　擧止安庠要回互
謾將知見妄疎親　捴碎疑團須妙悟
不破疑團誓不休　放出潙山水牯牛
一朝驀鼻穿歸也　迴地遮天這一頭

02

무자(無字) 공안[3, 4]

개에게는 불성이 '없다' 하니
당장에 차별을 끊고
마치 천길 물결 속에 들어가서
오직 꼬리 붉은 잉어를 찾듯 하라.
뿔이 있는 것은 잉어와 관계없고
수염이 없는 것도 그것이 아니니
유무가 다 끊긴 곳에서야
검은 용의 턱에서 여의주를 찾으리.
또한 사방이 불길에 싸여
외가닥 앞길만 트여 있듯
물러서면 타 죽고
옆으로 피해도 목숨 잃는데
맹렬한 불길 쉬지 않으니

살고 싶거든 어물거리지 말라.
깊고 깊은 물속에 들어간 듯
만길 허공에 기대 있는 듯
공부가 절실해야만
기어코 마음자리 밝혀내리라.
다시 앞에 한 길이 나타나
물이 흘러오면 저절로 도랑을 이루리라.

狗子佛性無　當下絕親疎
如入千尋浪　惟求赤尾魚
有角非關鯉　無鬚不是渠
有無俱勘絕　直探驪龍珠
又如四面火　前方一線餘
退步卽燒殺　橫趨亦喪軀
烈燄非停止　求生莫待徐
如入九重淵　如憑萬仞虛
用意切如此　管取發靈樞
更有前程路　水到自成渠

03

마른 똥막대기〔乾屎橛〕 공안[5, 6]

무엇이 부처입니까 하니 마른 똥막대라 하네.
대천세계가 한 덩어리 쇠뭉치인데
온몸이 쇠뭉치 속에 앉아 있으니
여기서 나가지 못할 때 누구보고 말할까.
말씀 사뢰고 절을 올리니
절할 것 없다고 다시 말씀하시네.
설사 여기서 나갈 수 있을 때라도
몽둥이 30대를 맞아야 하리라.

如何是佛乾屎橛　大千世界一團鐵
渾身坐在鐵團中　不得出時向誰說
白禮拜　復云莫禮拜
只饒出得時　領取三十棒

04

일구화두(一句話頭) 공안[7]

일구(一句) 화두는 어디에서 일어나는가
푸른 바다 마를 때까지 참구하여라.
일구화두는 어디로 갔는가
봄바람 불어와서 산호수를 건드리네.
간 곳을 찾지 말고 오직 일어난 곳 찾아서
바위가 떨어지고 절벽이 무너져도 두 귀가 먹은 듯
하루 밤낮 한 발자국도 옮기지 않고
칼날 위에 앉아 있듯 하다가
모름지기 곤두박질 한 번 쳐서 떨어져 내리면
비로소 고요한 평원을 활보하리라.
사나이 굳은 뜻 이 정도라면
누가 용을 때려잡고 범을 사로잡았다고 자랑하리오.
오대산 가는 길이 어떠냐고 묻거든

멀리 앞마을 가리키며 곧장 가라고 하라.[8]

一句話頭甚處起　滄海只敎乾到底
一句話頭甚處去　春風觸着珊瑚樹
不究去 只究起　石陷崖崩聾兩耳
十二時中步不移　如在刃鋒求住止
只須觔斗打將來　靜陸平原方步武
男兒立志若如斯　誰道搏龍幷捎虎
有問臺山路若何　遙指前村驀直去

05

자취를 감추었다(沒踪跡)는 공안[9, 10]

자취가 없으니 몸을 숨기지 말고
등뼈를 곧게 세워 오직 수행할지어다.
은산철벽도 한꺼번에 넘어질 것이니
몇 번을 기뻐하고 몇 번을 노여워했나.
몸을 숨긴 곳 종적 없으니
허공에서 새 날아간 자취 찾지를 마라.
태어날 때부터의 본래면목 놓아 버리면
찔레 달인 물에서 황금즙을 짜내리라.
보고 또 보고 많다고 하지 마라.
무엇 때문에 중생이니 부처니 마(魔)니를 관여하리오.
오직 한 입에 다 삼키도록 할지어다.
낙숫물이 뒤집혀 몇 길의 파도가 되니
걸어갈 때도 참구, 앉아서도 참구하여

가리키는 손가락 발로 차서 깨뜨리면
다 닳아빠져 쓸모없는 것들이니
철마를 거꾸로 타고 수미산에 오르면
일생 동안 남의 뒤나 따라붙지는 않으리.

沒踪跡 莫藏身 竪起脊梁祇麼行
鐵壁銀山俱靠倒 幾回歡喜機回嗔
藏身處 沒踪跡 休向虛空尋鳥跡
放下娘生鐵面皮 蒺莉傾出黃金汁
返復看 不敎多 管甚衆生與佛魔
只敎一口都吞盡 滴水翻成幾丈波
行也參 坐也究 踢破指頭俱漏逗
倒騎銕馬上須彌 一生不着隨人後

06

만법귀일(萬法歸一) 공안[11, 12]

만법은 한곳으로 돌아가는데 그 하나는 어디로 돌아가는가.
눈썹을 곤추세우고 활활 타는 불덩이같이
살아도 같이 살고 죽어도 같이 죽으며
갈 때도 같이 가고 머무를 때도 같이 머무르다가
홀연히 의정이 생기거든 겁내지 마라.
큰 싸움에 임한 듯 다른 것 돌아볼 틈 없이
맞는 경계 거슬리는 경계 만나거든 잘 조화시켜라.
돌아갈 곳 모르겠거든 다른 일 해도 좋다마는
철위산을 때려 부수고 나서 보물창고에 걸터앉아
눈 깜박거리고 눈썹 치켜뜨는 것에
모든 기연 다 나타낼 수 있으면
청주의 베옷은 일곱 근이지마는
문 앞의 복숭아는 여전히 천 그루라네.

萬法歸一　一歸何處
竪起眉毛　如大火聚
生與同生　死與同死
行與同行　住與同住
頓起疑情　莫生怕怖
如臨大敵　不暇他顧
逢逆順境　須善回互
歸處不知　肯隨他務
撞破鐵圍山　蹲踞寶藏庫
瞬目與揚眉　全機彰露布
靑州布衫重七斤
門前依舊桃千樹

07

염불 공안[13, 14]

'아미타불' 한마디는 흐린 물에 던진 구슬
구슬을 던짐에 물 절로 맑아지듯
아미타 염불함에 망념이 그치니
물 절로 맑아져 수염 비춰 티끌 씻는다.
어렴풋이 본래면목 알아내고
눈썹을 펴 보니 어찌 생겼던고.
망념이 그치면 세상이 맑게 개여 끝이 안 보이고
파란 유리에 산호가지 돋아나니
백발 노승 맑은 마음도 그저 이러하였던가.
그저 이럴 뿐이니 염불도 바로 공이라
삼경 한밤중에 햇빛 붉게 비치고
보석연못 황금정토에 만파가 눈앞에 돌아온다.
바로 눈앞에 염불조차 공하니

염공[能念인 空]과 공념[所念인 空]이 한 덩이 되어서
수만 리 정토길 당장에 훤해지면
근진음계[6근·6진·5음·18계]가 그대로 마니전일세.
마니전 교교한 빛 불법과 속세를 모두 비추는데
범부가 부처로 된다 하니 그 어떤 일인고.
아!
살아서도 죽어서도 말 못할 소식일세.

一句阿彌陀　如珠投濁水
珠投水自淸　佛念妄卽止
水自淸髭鬚　可鑑絶纖塵
依稀識得娘生面
展似眉毛作麼生
妄卽止萬里　澄潭不見底
碧玻璃上珊瑚枝
雪老氷枯祇這是
祇這是念卽空
三更初夜日通紅
寶池金地蓮花國
萬派全歸指顧中
指顧中空此念

念空空念成一片
十萬程途當下知
根塵陰界摩尼殿
摩尼殿光皎皎
佛法塵緣都照了
轉位旋機事若何
噫 生也不道死也不道

08

부모미생전(父母未生前) 공안[15, 16]

부모에게서 나기 전에는 무엇이 본래면목인고
철석심 놓아 버리고 취모검을 빼어 들면
속세의 티끌 인연 불속의 하루살이라.
많은 방편 중에 참선이 영험하니
오직 화두만을 들 뿐 옆길로 새지 않으면
천차만별하던 것이 일념에 녹아지리라.
만 길 낭떠러지에 맑은 물 가득하고
푸른 하늘 일대에 조각구름 한가하니
이런 경계 마음 달은 호젓이도 밝구나.
감히 말하기를 신령한 마음 나타나
그 빛이 온갖 경계 머금었다 하나
온갖 경계는 그 빛 아니라
오히려 웃을 일이다.
맑은 강물이 흰 비단 같다 하나

흰 비단 아니라 한 올의 실일 뿐
다시 삶아 정련하여 가는 금침 누비고 나면
소주의 삼베 되고 양주의 비단 되리라
참구할지어다.

父母未生前　誰是本來面
放下鍛心肝　提起吹毛劍
世法及塵緣　如蠔入猛燄
無量妙法門　參禪最靈驗
單提句話頭　不墮諸方便
萬別與千差　都來融一念
萬仞巖前　湛水淳淳
一帶晴空　閑雲片片
到此則心月孤圓
敢曰靈明顯現
光吞萬境境非光
却笑澄江淨如練
非如練祇一線
更須入火重烹煉
穴細金針露鼻時
蘇州布也楊州絹
參

09

천 일 결제하고 공안을 참구함[17]

도 잘 닦는 납자는 천 일 동안 공을 들여
밤송이를 삼키듯 공부해 나아가니
맑디맑은 경계에 일념이라도 생기면
수미산이 가로막힌 듯 큰 일로 여기네.
일구의 화두는 쇠몽둥이 같아서
불법과 번뇌를 모두 다 끊으니
혼침과 산란이 통째로 없어진다.
절실 또 절실할지어다
천 일이 잠깐 사이라
오락가락하던 알음알이 끊어지면
두 다리 쭉 펴는 초연한 경계이니
얼음지옥 불지옥도 마음은 한가롭다.
온몸으로 부딪쳐 무생국(無生國)에 들어가
유무(有無)의 경계를 묘하게 벗어나고

꽉 막힌 허공에서 남 돌아볼 것 없으면
대지가 칠흑 같음을 비로소 알리라.
몸을 뒤집으면 주장자가 산 용(龍)이 되어
산 뚫고 바다 뚫어 고풍(古風)을 진작하니
일륜삼매력(日輪三昧力)이란 바로 이런 것이라
온 법계 털끝까지 응용이 무궁하네.
여기에 다시 향상(向上)의 절대경지 있어서
아무리 현묘한 기미라도 모두 아니라 하면
여래께서 가던 길 따라가지 않더라도
사나이는 자기대로 하늘 뚫을 뜻 있으리.

善造道者千日功　趣向如吞栗棘蓬
淨白界中纔一念　須彌山隔在其中
一句話頭如銕橛　佛法塵勞都屛絶
昏沈散亂成團去　只須切上重加切
千日如同頃刻間　意路心思絶往還
放開兩足超然上　烈火層冰總是閑
全身拶入無生國　妙出有無之軌則
逼塞虛空不顧人　始知大地如漆黑
翻身拄杖活如龍　透海穿山振古風
此是日施三昧力　法界毫端用不窮
更有向上末後句　玄妙機微都不是
不向如來行處行　男兒自有冲天志

10

화두가 절실하면 마(魔)에 떨어지지 않는가[18]

『능엄경』에 나오는 50가지 마(魔) 경계[19]를 자세히 살펴보면 모두가 집착[着]이라는 한마디에 대한 내용일 뿐이다. 예컨대 색음(色陰)이 명백한 데서 '모든 염(念)을 다 떨쳐 버린 경지'를 이렇게 보고 있다.

이런 경계에 도달한 사람은 겁탁(劫濁)[20]을 초월한 사람이다. 그러나 그 동기를 살펴보자면, 굳어진 망상이 근본이 되어 이것을 그 자리에서 녹여내지 못하고 그 망상 속에 들어앉아 열심히 정진하다가 희귀한 경계라도 나타나면 거기서 성과(聖果)를 얻었다고 생각하니 어찌 집착이 아니겠는가? 만일 성과를 얻었다는 생각을 하지 않는다면 그것이야말로 바른 경계라고 해야 할 것이다. 성스럽다는 생각을 하지 않는 그것이 집착하지 않는 것이기 때문이다.

5온(五蘊) 중에 나타나는 모든 마(魔) 경계를 '망상'이란 말로 종합해 보자. 최초의 집착을 바로 깨어 버리지 못하면 이 망상이 마의 뿌리와 줄기가 된다. 그러니 그 뿌리를 뽑지 않고 지엽만을 꺾어서 생기지 않도록 한들 되겠는가. 심지어는 허명(虛明)[21]함을 더욱 탐내어 그 정기(精氣)를 먹게 됨이 다 망상에서 기인하니, 마(魔)는 밖으로부터 들어오는 것이 아니다. 그러므로 조금이라도 이러한 경계를 애써 보호하려 한다면 바로 설상가상이며 불 위의 기름일 뿐이다.

예컨대 수음(受陰) 가운데서 말한 허명망상(虛明妄想)은 허명함이 바로 망상이란 뜻이다. 왜냐하면 애초부터 '마음에 구할 것이 없는 경지'에는 이르지 못했으니 그것이 망상이 아니고 무엇이겠는가.

상음(想陰) 중 융통망상(融通妄想)에 대해서는 그 첫 번째 경계에서 "마음으로 밝고 뚜렷함[圓明]을 사랑하여 지난번 망(妄)의 근원이 지금의 경계와 융통하여 곧 애착이 생겼다."고 설명한다. 이어서 10가지 마 경계를 설명함에 모두 '마음으로 어떤 경계를 사랑한다'는 식으로 하고 있다. 이것은 모두 천마(天魔)가 원만한 경계로부터 나와 애착심에게 짝이 되면서 끝없는 마업(魔業)을 짓는 것이니 어찌 구제할 수 있겠는가.

자못 참선하는 사람들이 가장 먼저 이 한 생각을 끊어야 하니 마음이 없으면[無心] 사랑함도 없어지고, 사랑함이 없으면 집착이란 말이 있을 수가 없다. 그 중 아홉 번째 '마음으로 고요함을 사랑하여 깊은 공(空)을 탐하는 경계' 등은 모두 마업이다. 이 역시 애초에 망심을 깨지 못했기 때문이어서 모래를 쪄서 밥을 짓는 격이니 모래란 밥의 재료가 될 수 없는 것이다.

  행음(行陰)에서 유은망상(幽隱妄想) 같은 것은 무릇 행음이 끊임없이 변하면서 성품이 된 것이다. 그런 까닭에 "생멸의 근원이 이로부터 나타나 상음(想陰)이 다하게 되었다."라고 하였다. 그런데 행음의 근원을 철저하게 살펴본다면 생멸이 생각생각에 쉬지 않는 것이다. 그러므로 수행인이 계속 끊임없이 흘러가는[遷流] 생멸을 따라가지 않으면 부동(不動)하고 밝은 정심(正心)이 생긴다. 이때 외부의 마는 들어올 기회를 얻지 못하나 다만 뚜렷한 근원인 행음 경계 가운데에서 스스로 헤아리는 마음이 일어나기 때문에 그 시말(始末)과 유인(有因), 무인(無因) 등을 따져 보게 되는 것이다. 이미 헤아리는 마음이 있으면 정변지(正遍知)는 없는 것인데, 그 '헤아림'이란 어두움[幽隱][22]에서 나온다. 그래서 본문에서는, "저 유청(幽淸)[23]함을 보면 그 근원을 철저하게 볼 수가 없다."라고 하였다.

  식음(識陰)에서의 전도망상(顚倒妄想) 같은 것은 동분생기(同分生機)[24]가 갑자기 무너져 버리고, 6근이 텅 비고 고요하여 다시는 마구 치닫지 않게 된다. 이렇게 볼 때 텅 비고 고요함이 마구 치닫지 않게끔 하였고, 치닫지 않기 때문에 행음(行陰)이 다하게 된 것이다. 이미 행음이 다하였다면 봄[見]과 들음[聞]이 한데 어울려 통하고 서로 막힘 없이 청정하게 작용하게 된다. 이런 까닭에 본문에서는 행음이 공함을 알았다 하더라도 아직은 식(識)의 근원에 의지하고 있는 것이라 운운하며 나아가서는 정묘(精妙)함이 원만해지지 못하고 문득 깨달았다는 생각을 내게 된다고 하였다.

　이 열 가지 마 경계는 모두 식심(識心) 때문에 깨달았다는 생각이 생기게 된 것이니 이미 그렇게 되고 나면 깨달음[圓通]을 어기고 온갖 마가 생긴다. 선문(禪門)에서 옳게 마음을 쓰는 사람은 이 모든 잘못에 빠지지 않는다. 혜사대사(慧思大師, 515~577)[25]께서는 "시방제불이 내 한 입 속에 다 들어갔는데 어느 곳에 다시 제도할 중생이 있다는 말인가."[26]라고 하셨다. 이는 불조(佛祖)의 경지에서 그곳에 머물러 두려 해도 머무르지 않는 분이니 삿된 마나 외도들이 그를 어찌 한단 말인가.

　삿된 마의 침입을 받지 않으려거든 오직 온몸으로 진리에 들어가기만 하면 될 뿐, 억지로 쫓아내거나 보호하려 하지 말아야 하니, 망상이 다하면 마 경계는 스스로 다하게 된다. 옛 큰스님께선 이렇게 말씀하셨다.

　"엉킨 뿌리에 도끼를 한 번 내려찍어 마디 밖에 또 새 가지가 돋아나지 않게 하는 것이 좋겠다."[27]

11

수증(修證)에 집착하지 않음

　우리 선문에서는 근기가 영리하거나 둔하거나 잘나고 못나고를 막론하고 '믿음' 하나로 입문한다. 우선 맹렬하게 발심했다면 마치 은산철벽(銀山鐵壁) 속에 앉아 있는 듯 오직 어떻게 하면 나갈 수 있을까만을 생각하면 온갖 망상심이 전혀 들어올 수 없다. 이러한 경계에서라면 지혜로 대상을 관조(觀照)하는 수행이 어느 자리에 설 수 있겠는가. 그러다가 과연 한 생각 탁 트이면 마치 구름 걷힌 하늘을 보듯, 또는 잃어버렸던 물건을 찾은 듯하리니, 여기에서 관조하는 노력이 더 이상 무엇에 필요하다는 것인가?

　중요한 것은 참구하는 마음이 몹시 절실할 것 같으면 그 참구 역시 수행이 될 수 있다는 사실이다. 다만 '수행'이라는 이름만 세우지 않았을 뿐이다. 또한 세상 인연을 관찰해내고 지극한 도를 절실히 참구한다면 이 역시 관조가 되는 것이다. 다만 '관조'라는 이름을 내세우지 않았을 뿐이다.

『원각경(圓覺經)』에서는 이렇게 설하였다.

"오직 돈각(頓覺)한 사람과 법(法)을 수순(隨順)하지 않는 사람은 이 범주에서 제외된다."[28]

만일 관조하는 것을 공부로 여긴다면 능히 관조하는 주관심이 있는 것이니, 그렇다면 관조되는 객관 대상도 있게 될 것이다. 이렇게 주관[能]과 객관[所]이 대립된다면 망상이 아니고 무엇이겠는가?

그러므로 선종(禪宗)에서는 이렇게 말한다.

"홀로 큰 경지를 밟으니 마음 밖에 따로 경계가 없어서 시방세계와 부모가 준 심신을 하나로 녹여 그 자리에서 생사를 끝장내야 비로소 방편 하나 얻었다 하리라. 여기에서 향상일로(向上一路)의 화두를 다시 붙들어라. 그렇지 않으면 이 모든 것이 도깨비굴에서 살아날 꾀를 내는 꼴이다."

어찌 이 말씀을 점수점증(漸修漸證)하는 공부와 같이 논할 수 있겠는가. 결과적으로 얼굴만 번듯해 가지고 실제로 이런 경지에 도달하지 못하면 이런 사람들은 스스로를 속이고 있는 것이며 '불쌍한 자'라고 불러 마땅하니, 거론할 가치조차 없는 이들이다.

남악(南嶽, 677~744)[29] 스님께서 이렇게 말씀하셨다.

"닦아 증득함이 없는 것은 아니나 물들음도 없다."[30]

여기서 물들지 않은 수행을 원만한 수행[圓修]이라 하는데, 도리어 이 '수행'이라는 말에 집착해서야 되겠는가. 또한 이 물들지 않은 '깨침'을 두렷한 깨달음[圓證]이라 하는데, 도리어 이 '깨침'이라는 말에 집착할 수 있겠는가. 만약 이렇게 닦아 간다면 종일토록 수행하고서도 닦았다 할 것이 없다.

한편 청소하고 향 피우는 일까지도 모두 무량한 불사인데 그래도 수행과 증득을 없다 할 수 있겠는가. 다만 그것에 집착하지 말라는 얘기일 뿐이다. 9지(九地)보살조차도 무공용행(無功用行)[31]을 하는데 하물며 10지(十地)이겠는가.

마침내 쏟아지는 비처럼 유창하게 설법하는 등각위(等覺位)에 이르렀어도 오히려 남전(南泉, 748~834)스님은 "도와는 영판 어긋났다."[32]고 꾸짖으셨다. 그러니 하물며 10지에서 닦는 관조행(觀照行)과 우리 선문과의 우열을 비교해서야 되겠는가.

주
:

1   원래 제목은 '동암사 달공스님에게 주는 글[示董嚴達空禪者]'이다.
2   위산영우(潙山靈祐, 771~853) 스님이 상당하여 말하였다. "내가 죽은 뒤에 산 밑에 가서 물빛소가 되어 왼쪽 겨드랑 밑에다 '위산의 중 아무개'라고 쓰겠다. 이때 위산이라 하면 물빛소를 어찌하며 물빛소라 하면 위산은 어떻게 하겠느냐?" 『오등회원(五燈會元)』 권9(X80-187b).
3   원래 제목은 '무자 공안을 참구하는 봉정 지건스님에게 주는 글[示峰頂智建禪者參無字公案]'이다.
4   조주스님에게 어떤 스님이 묻기를, "개에게도 불성이 있습니까?" 하니, "없느니라." 하였다. "일체 중생에게 모두 불성이 있다고 했는데 개는 어째서 없다고 하십니까?" 하니, "그에게 업식(業識)이 있기 때문이니라." 하였다. 『고존숙어록(古尊宿語錄)』 권13(X68-81a).
5   원래 제목은 '간시궐 공안을 참구하는 지백스님에게 주는 글[示知白禪者參乾屎橛公案]'이다.
6   운문스님에게 어떤 스님이 묻기를, "어떤 것이 부처입니까?" 하니, "마른 똥막대기니라." 하였다. 『무문관(無門關)』 권1(T48-295c).
7   원래 제목은 '일구화두는 어디서 생겼는고'라는 공안을 참구하는 지필스님에게 주는 글[示智㻏禪者參一句話頭在甚處起公案]'이다.
8   조주스님이 사는 오대산으로 들어가는 길가에 한 노파가 있었는데, 납자들이 오다가 "오대산은 어디로 갑니까?" 하고 물으면 "곧장 가시오." 하고, 그 납자가 몇 걸음 내디디면 "멀쩡한 스님이 또 저렇게 가는구나." 하였다. 『무문관(無門關)』 권1(T48-297a).
9   원래 제목은 '선자(船子) 덕성스님은 자취를 감췄다는 공안을 참구하는 심양거사에게 주는 글[示心陽居士參沒踪跡公案]'이다.
10   뱃사공 덕성[船子德誠, ?~?]은 약산유엄(藥山惟儼, 751~834)의 법을 이었다. 수주(秀州) 화정(華亭)에서 배 한 척을 띄워 놓고 사람들을 건네주면

서 인연 따라 설법하였으므로 이런 이름이 붙었다. 뒤에 협산선회(夾山善會, 805~881)를 만나 법을 전하고는 스스로 배를 엎고 종적을 감추었다.

11 원래 제목은 '만법귀일 공안을 참구하는 조감원에게 주는 글[示照監院看萬法歸一公案]'이다.

12 조주스님에게 어떤 스님이 묻기를, "만법은 하나로 돌아가지만 그 하나는 어디로 돌아갑니까?" 하니, "내가 청주(靑州)에서 베 장삼[布衫] 하나를 지었는데 무게가 일곱 근 나가더라." 하였다. 『벽암록(碧巖錄)』 권5 제45칙 "청주에서 지은 삼베적삼[靑州布衫]"(T48-181c).

13 원래 제목은 '염불 공안을 참구하는 보주스님에게 주는 글[示普週禪者參念佛公案]'이다.

14 조주스님이 시중(示衆)하였다. "공연히 세월 보내지 말고 염불을 하거나 염법을 하라." 그러자 어떤 스님이 대뜸 "어떤 것이 학인이 자신을 염(念)하는 것입니까?" 하고 물었다. 이에 "염하는 이가 누구인가?" 하니, "아무도 짝할 이 없습니다." 하자, "이 당나귀야!" 하고 꾸짖었다. 『고존숙어록(古尊宿語錄)』 권13 (X68-80c).

15 원래 제목은 '부모미생전 공안을 참구하는 관여스님에게 주는 글[示觀如禪者看父母未生前公案]'이다.

16 태원(太原) 부상좌(浮上座)가 고산(鼓山)스님에게 "부모에게서 나기 전에 콧구멍(본래면목)이 어디 있습니까?" 하니 고산이 "이제 태어난 뒤엔 어디 있습니까?" 하였다. 부상좌는 그것을 인정하지 않고 도리어 "그대가 내게 물으시오. 내가 대답하리다." 하였다. 고산이 "부모에게서 나기 전엔 콧구멍이 어디에 있었소?" 하니 부상좌는 그저 부채질만 할 뿐이었다. 『경덕전등록(景德傳燈錄)』 권19(T51-360a).

17 원래 제목은 '천 일 결제하고 공안을 참구하는 종묘스님에게 주는 글[示宗妙禪者以千日期參公案]'이다.

18 원래 제목은 '공안을 참구하면서 납자가 화두에 절실하면 『능엄경』 50마와 외도에 떨어지지 않는지를 묻는 육설관주의 물음에 답하는 글[答

六雪關主問參公案行人話頭眞切不落楞嚴五蘊魔外」이다.

19　『능엄경』 뒷부분에는 수행자에게 나타나는 장애를 대치(對治)해 주기 위해 「조도품(助道品)」을 설하고 있는데 그것이 50마(魔)이다. 50마는 색수상행식 5온에 각각 10가지씩 거친 데서 미세한 데로, 즉 바깥에서 들어오는 마로부터 안에서 생기는 장애로 가면서 설명하고 있다.

20　색음(色陰)이 체(體)가 되어 생기는 단명, 기아, 질병, 전쟁 등 세상의 재앙.

21　색음이 다스려져 텅 비어 밝은 상태.

22　행음이 비밀스럽게 천류(遷流)하여 알아차리기 힘들므로 어둡다 말한다.

23　미세하게 요동하는 세간의 성품.

24　행음과 생의 근원을 같이한다는 뜻. 미세하고 끈질긴 세간의 성품.

25　남악혜사(南嶽慧思). 위진남북조(魏晋南北朝) 스님. 속성 이(李) 씨. 예주(豫州, 安徽省) 무진(武津) 출신. 천태종의 창시자인 천태지의(天台智顗)의 스승이다. 554년 북제(北齊) 혜문(慧文)선사에게서 법화삼매(法華三昧)를 깨닫고 광주(光州, 河南省) 대소산(大蘇山)에 머물렀다.

26　『참선경어』 등에서는 '思大'라고 하였고, 『고존숙어록(古尊宿語錄)』 권 25(X68-165c)에서는 '思'라고만 표시하였지만, 『오등회원(五燈會元)』 권2에서는 「남악혜사선사(南嶽慧思禪師)」 조에서 "師曰 三世諸佛被我一口呑盡 何處更有衆可化"(X80-67b)라고 하고 있으므로 '남악혜사'로 보아도 좋을 것으로 보인다.

27　『종용록(從容錄)』 권3 제53칙 "황벽의 지게미 먹기[黃蘗噇糟]"에 따르면 이 글은 대성안사(大聖安寺) 이(彝)화상의 「죽순시(竹笋詩)」이다. "大聖安彝和尙竹笋詩 便好臨根下斤斧 免敎節外更生枝"(T48-261b).

28　『원각경』에서는 사마타(奢摩他), 삼마발제(三摩鉢提), 선나(禪那)의 3관(三觀)을 돈점으로 닦는 25가지 법을 세우고, 일체 여래와 3세 수행자들이 모두 이 법을 통해 깨달았다고 하는데, 단 완전히 깨친 사람과 법을 따르지 않는 사람은 예외로 하고 있다.

29　남악회양(南嶽懷讓). 당대(唐代) 스님. 속성은 두(杜) 씨. 산동성 금주(金州) 출신. 15세에 출가하여 숭산(嵩山)에 올라 숭악혜안(嵩嶽慧安)을 만

나고, 그의 가르침에 따라 6조 혜능(慧能)에게 5년간 참학하여 그의 법을 이었으며 마조도일(馬祖道一)에게 법을 전했다. 청원행사(靑原行思)와 더불어 혜능의 2대 제자이다. 그의 문하가 후일 중국 선종의 주류가 되었다. 시호는 대혜(大慧)선사.

30 『육조대사법보단경(六祖大師法寶壇經)』 권1(T48-357b).

31 애쓰지 않고 저절로 되는 공부.

32 『고존숙어록(古尊宿語錄)』 권12 "敎教化無量億千衆 得無生法忍 尚喚作所知愚 極微細所知愚 與道全乖 大難 大難 珍重"(X68-73c).

제6장

참선게 10수를 일러주다

[示參禪偈十首]

01

참선을 하려면 철인(鐵人)이 되어야 하니
그 기한은 논하지 말라.
어금니를 꼭 다물고
오직 대사(大事)를 결판내어라.
맹렬한 불꽃이 기름 가마 태우듯
허공이 다 타서 문드러질 때까지
홀연히 하루아침 그곳을 박차고 나오니
천 근 등짐을 내려놓은 듯하구나.

參禪須鐵漢　毋論期與限
咬定牙齒關　只敎大事辨
猛火熱油鐺　虛空都煮爛
忽朝撲轉過　放下千斤擔

02

참선 오래 했다고 말하지 말고
티끌 세상 인연과 짝이 되지 말라.
두 가닥 눈썹을 깎아내면
허공이 거꾸로 달려가
맷돌에 수미산을 가루로 만들고
당장에 본래면목을 좇아가면
생철(生鐵)에서 황금즙이 흐르고
비로소 이제껏 허물을 벗어나리라.

參禪莫論久　不與塵緣偶
剔起兩莖眉　虛空顚倒走
須彌碾成末　當下追本有
生鐵金汁流　始免從前咎

03

참선을 하는 데는 덜렁거려서는 안 되며
법도대로 행함에는 옛일을 참고하라.
한 줄기 대쪽같이 곧은 마음[直心]이라면
갈림길의 괴로움은 만나지 않는다.
황룡(黃龍)의 삼관(三關)¹을 부딪쳐 부수고
운문(雲門)의 '보(普)'² 일구를 뽑아 버렸건만
이 한 사람의 무뢰한은
여태껏 문 밖을 나가지 않았노라.

參禪莫莽鹵　行誼要稽古
一條弦直心　不遭岐路苦
拶碎黃龍關　拈却雲門普
這箇破落僧　從來不出戶

04

참선에는 내노라[主宰]는 생각을 없애고
오직 마음을 바꾸지 말아야 하니
세간의 온갖 번뇌 다 모아 놓고서
누구를 초청한단 말인가.
단단하고 굳세기는 하늘을 떠받치고
용기와 결단은 바다를 당길 만하네.
비록 아직 완전하지는 못하나
앞길이 남아 있음을 유념하여라.

參禪沒主宰　祇要心不改
萬彙及塵勞　旋坌誰僦俁
堅硬可擎天　勇決堪抒海
雖然未徹頭　管取前程在

05

참선에는 모름지기 자세히 살피고
과정을 계산하지 말지어다.
조목이 있거든 그것을 사용하고
조목이 없거든 관례로 판결하라.
부처님과 조사들을 친견하지 않고는
무슨 경문 어떤 게송 알아 쓸 수 있겠는가.
모든 것 한 입에 다 삼키고 나면
마음 비어 비로소 급제(及第)하게 되느니라.[3]

參禪須審細　莫把工程計
有條便據條　無條卽據例
不親佛與祖　管甚經和偈
都來一口吞　心空始及第

06

참선에는 바른 믿음 일으켜야 하느니
믿음이 올바르면 마궁(魔宮)이 흔들린다.
한 조각 눈송이 화로 속에 들어가듯
맨몸으로 칼날과 노니는 듯
오직 살길만을 찾을 뿐
썩은 물 속에 잠기게는 하지 말라.
커다란 관문이 홀연히 열리면
비로인(毘盧印)에 거꾸로 걸터앉게 되리라.

參禪發正信　信正魔宮震
片雪入紅爐　赤身遊白刃
只尋活路上　莫敎死水浸
大散關忽開　倒跨毘盧印

07

참선을 가지고 장난삼지 말라
세월이란 잠깐 사이 지나가는 것.
지극한 이치, 심오한 도는
고물 다 된 진나라 도삭찬(鍍鑠鑽)[4]
아쉽구나! 장부의 마음이여
착수했다가도 도로 해이해 가니
인생 백 년 얼마나 된다던가.
어지럽게 죽어갈 날 기다리지 말라.

參禪休把玩　倏忽時光換
至理及玄奧　秦時鍍鑠鑽
咄哉丈夫心　着手還自判
百年能幾何　莫待臨行亂

08

참선에는 좋은 솜씨 서툰 솜씨 없으니
깨닫겠다는 일념만이 귀중한 것이니라.
손가락 끝 그림자를 알아보거든
곧바로 하늘가의 달을 찾으라.
가슴을 쪼개 열면 심장이 보이고
털을 도려내면 피가 흐르나니
분명 내가 그대에게 들어 보이겠노라
그래도 깨닫지 못하면 누구보고 설법할고.

參禪無巧拙　一念貴超越
識得指上影　直探天邊月
劈開胸見心　刮去毛有血
分明舉似君　不會向誰說

09

참선은 모름지기 젊어서 착수할지니
늙을 때까지를 기다리지 말라.
귀가 먹어 가고 눈이 어두워지면
아침에 살아 있어도 저녁을 보장키 어려우니
평생 가장 즐겁던 일
여기에 이르면 쓸모없게 된다네.
불법 만날 기회란 본래 많지 않으니
오직 이 자리에서 끝내야 하느니라.

參禪須趁早　莫待年紀老
耳聵眼朦朧　朝在夕難保
生平最樂事　到此都潦倒
佛法本無多　祇要今時了

10

참선에는 망상을 다스리지 말지니
망상을 다스리는 바로 그것이 장애가 된다.
아름다운 고래를 잡으려거든
파도결이 어떤지가 무슨 상관이리오.
진리의 바탕에는 티끌 한 점 없는데
망심은 그 어떤 모습이던가.
삼가 아뢰노니, 참선하는 납자여
이 종문(宗門)은 참으로 높일 만하외다.

參禪莫治妄　治妄仍成障
譬欲得華鯨　管甚波濤漾
至體絕纖塵　妄心是何狀
謹白參禪者　斯門眞可尙

주
:

1 황룡혜남(黃龍慧南) 스님은 세 마디로 납자를 지도하시되, "내 손은 어째서 부처님 손과 같은가? 내 다리는 어째서 나귀 다리와 같은가? 사람마다 태어난 인연처가 있는데 어디가 그대들의 태어난 인연처인가?" 하고는 다음과 같이 게송을 지었다. "태어난 인연처 끊길 때 나귀 다리 드리우고[至緣斷處伸驢脚] / 나귀 다리 거둘 때 부처님 손 열린다[驢脚伸時佛手開] / 참선하는 5호(湖) 납자에게 고하노니[爲報五湖參學者] / 세 관문 하나하나를 통과하여라[三關一一透將來]." 『황룡혜남선사어록(黃龍慧南禪師語錄)』권1(T47-639c).

2 어떤 스님이 운문(雲門)스님에게 묻기를, "무엇이 진정한 법안(法眼)입니까?" 하니, "보(普)이니라." 하였다. 『종문염고휘집(宗門拈古彙集)』권36(X66-209b).

3 방거사(龐居士, ?~808)가 마조대사를 만나 물었다. "만 가지 진리의 법과 벗을 삼지 아니한 자는 누구입니까?" 마조대사가 "네가 서강수(西江水)를 한 입으로 다 마셔 버리고 오면 그때에 일러주겠다." 하였다. 이 말 끝에 방거사가 깨닫고는 게송을 지었다. "시방 사람들 한자리에 모여[十方同聚會] / 제각기 무위(無爲)를 배우네[箇箇學無爲] / 이곳이 선불장(選佛場 : 부처를 뽑는 과거장)이니[此是選佛場] / 마음 비워야 비로소 급제하리라[心空及第歸]." 『원오불과선사어록(圓悟佛果禪師語錄)』권13(T47-774a).

4 도삭찬(鍍鑠鑽)은 곱패로 장치된 커다란 송곳이다. 진시황이 만리장성을 쌓을 때에 쓰던 것으로 알려졌는데 그 뒤에는 너무 커서 쓸 수가 없었다. 후세에 아무 쓸 곳 없는 큰 물건을 진나라 도삭찬이라 한다. 종문(宗門)에서는 한갓 말솜씨만이 지나치게 날카롭고, 진실한 경계를 얻지 못한 사람을 평하는 말로 사용한다.

03 성철스님이 가려 뽑은 한글 선어록

참선 수행자를 죽비로 후려치다
박산무이 스님의 참선경어

개정판 1쇄 인쇄	2017년 5월 1일
개정판 1쇄 발행	2017년 5월 8일

지은이	박산무이
감역	벽해 원택

발행인	여무의(원택)
발행처	도서출판 장경각
등록번호	합천 제1호
등록일자	1987년 11월 30일
본사	경남 합천군 가야면 해인사길 122 해인사 백련암
서울사무소	서울시 종로구 삼봉로 81(수송동, 두산위브파빌리온) 931호
	전화 (02)2198-5372 팩스 (050)5116-5374
	홈페이지 www.sungchol.org

편집·교정 문종남   디자인 김형조
홍보마케팅 김윤성   관 리 서연정

ⓒ 2017, 장경각

ISBN 978-89-93904-80-2 04220
ISBN 978-89-93904-77-2 (세트)

값 14,000원

※ 이 책에 실린 내용은 무단으로 복제하거나 전재할 수 없습니다.
※ 잘못된 책은 교환해 드립니다.

※ 이 도서의 국립중앙도서관 출판예정도서목록(CIP)은 서지정보유통지원시스템 홈페이지(http://seoji.nl.go.kr)와 국가자료공동목록시스템((http://www.nl.go.kr/kolisnet)에서 이용하실 수 있습니다.
 (CIP제어번호 : CIP2017009646)